디아스포라 주변인

Diaspora Outsider
Seperation, Marginalisation, Acculturation

# 디아스포라 주변인

**박종수** 지음

단절
/
주변화
/
문화화

동연

20여 년 전 사랑하는 딸과 아들 내외를

머나먼 이국땅으로 떠나보내며,

지금도 깊은 그리움과 사랑으로 기도해 주시는

양가 부모님께,

치열했던 지난 이민 생활의 작은 열매인

이 책을 헌정합니다.

주변인이 역사를 바꾼다. 이런 경우는 인류의 역사에 자주 드러난다. 하나님은 주변인을 통하여 역사를 이루어 나가시고 '나'의 힘으로 세상을 바꾸는 것이 아니라 하나님의 능력으로 하나님의 손으로라야 세상을 바꿀 수 있다는 진리를 깨닫게 하시려는 듯 역사하신다.

예수도 그가 지상에서 사시던 시대의 주변인이었다. 은수저나 금수저 출신이 아니었기에 좋은 환경에서, 제대로 교육을 받을 수도 없었다. 예수께서는 근 삼십 년 동안을 온갖 사람 냄새가 진동하는 세상 속에서 목수로, 주변인으로 사신 후에 공생애를 시작하셨다. 이때 이스라엘의 중심이었던 예루살렘에서 사역하시지 않고 소외되고 멸시받았던 갈릴리 지방에서 주로 활동하시며, 가난하며 기댈 곳 없는 이들과 함께하신 것은 결코 우연한 일이 아니었다. 머리 둘 곳도 없이 결핍과 벗하는 삶을 영위한 예수님의 삶만 묵상해 보아도 우리는 하나님의 일하시는 방식을 깨닫게 된다.

하나님은 세상을 바꾸시고자 당신의 사람들을 주변으로 불러내셨고, 변두리의 영성으로 중심의 왜곡과 부패를 갈아엎으셨다. 지금도 하나님은 당신의 백성들을 주변으로, 성문 밖으로 초대하신다. 예수 그리스도를 따르는 모든 신앙인과 하나님의 나라를 위해 애쓰는 모든 사역자는 이 사실을 절대 놓치지 말아야 한다. 여러 가지 이유로 낯선 땅에 심겨져 주변인으로 살아가는 모든 디아스포라 한인은 이러한 하나님의 일하시는 방식을 통해 이민자로서의 자신의 존재적 의의를 발견해 갈 수 있다.

이 책에는 오랜 이민 생활 가운데 저자 박종수 교수가 온몸으로 경험해 온 디아스포라 주변인의 아픔과 한계, 그 잠재력과 창조성이 저자의 오랜 이민 신학적인 고민과 성찰을 통해 깊이 있게 그리고 통찰력 있게 진술되고 있다. 한 사람의 이민자, 이민 목회자, 이민 신학자로서의 저자의 열정과 진정성, 학문적 몸부림과 깊이가 고스란히 담겨 있다. 이민자와 이민 교회에 대해 저자가 던지는 근본적인 신학적 질문들은 상황과 처지가 다르다 하더라도 모든 디아스포라 한인과 한인교회가 함께 고민하며 답해야 할 질문들이다. 저자가 이 책에서 제시한 그 질문들에 대한 답변은 한 바가지 마중물이 되어 모든 디아스포라 한인과 한인교회의 신학적 펌프에 부어져 더욱 깊이 있고 다채로운 생각들과 담론으로 이어져야 한다. 여기에 이 책 『디아스포라 주변인』의 가치와 의미가 있다.

이 책은 세계에 흩어진 수많은 디아스포라 주변인과 그들이 세워가는 디아스포라 교회 공동체에 한 바가지 시원한 마중물이 되기에 충분한 역작이라 믿는다. 더 나아가 이민 목회를 꿈꾸는 목회자들, 이민자의 삶을 준비하는 그리스도인들, 700만 디아스포라 한인 공동체를 위해 기도해야 할 한국교회들에게도 꼭 필요한 귀한 통찰을 담고 있다.

김도일
(장로회신학대학교 기독교교육학 교수)

# 이 책의 의미

　　1970년대 남미 이민자 1.5세였던 나는 주변부로 살아가는 단절된 삶에서 벗어나고파 모국 수학생 자격으로 고국으로 돌아갔다. 그러나 결혼 후 아이들의 교육 문제에 부딪히면서 영어권 나라로 다시 교육 이민을 오게 되었고, 지금은 이민자 1세로 호주에서 살고 있다. 인생의 반을 이민자로 살면서 느끼고 경험한 나의 주변부 이야기가 놀랍게도 이 책에 고스란히 담겨 있다. 고개가 끄덕여진다. 가슴이 먹먹해진다.

　　이 책은 시대적, 민족적, 인종적, 문화적 그리고 나아가 신학적 관점으로 이민자의 변화 가능한 정체성을 분석하고 설명한다. 그리고 그 다름을 이해하는 데 중요한 변증법적 개념들을 소개하고 있다. 국가 정체성이나 민족 정체성을 넘어 하나님 자녀 정체성을 가지고 다문화, 상호주의 문화 혹은 교차주의 문화 콘텍스트에서 어떻게 창조적인 주변인으로 살아갈 수 있는지의 방향성을 제시하고 있다. 또한 고립된 주변부의 삶으로부터 주류 사회로의 이동과 융화에 필요한 가치들을 만나게 된다.

　　건강한 믿음 공동체를 꿈꾸고 있는 디아스포라교회에게, 이민자의 존재와 삶에 대한 신학적 의의를 찾고 있는 신앙인들에게 이 책은 신학적 사색과 성찰을 연결하는 귀중한 길잡이다. 7백만 한인 외국(국적) 동포들의 다채로운 주변화 경험이 값진 디아스포라의 자산으로 승화되어 각자가 속한 곳에서 창조적인 디아스포라 주변인으로 당당한 삶을 영위할 수 있기를 바란다.

양희정
(멜버른대학교 인문대학 서양어학부 교수)

첫 페이지부터 마지막 페이지까지를 단숨에 읽었다. 몰입했고, 공감했으며, 길을 가늠해 볼 수 있었기 때문이다. 하늘에 시민권을 두고 이 땅을 살아가는 하나님 나라 백성이라는 신학적 실존을 물리적 환경에서 체감하며 살아가는 이들이 바로 이민자라는 인식이 이민 목회에 대한 마음을 품게 한 손바닥만 한 구름이었다. 하지만 몇 해 가지 못해 인식은 낭만적이었고, 신학은 빈곤했으며, 목회는 그 열정이나 애정과는 별개로 빈약하다는 것을 알게 되었다. 겉으로의 나는 멀쩡했으나 속으로의 나는 헤맸다. 간간이 나타난 흐릿한 표지판 때문에 겨우 길을 잃지 않을 정도였다.

애정하는 박종수 교수의 『디아스포라 주변인: 단절, 주변화, 문화화』는 분명 내게 은혜였다. 정체성-신학-교육으로 이어지는 구조는 튼튼한 집을 지을 수 있는 좋은 뼈대였다. 아직은 가야 할 길이 멀지만, 지금까지의 이민 신학의 지형도를 보기 좋게 그려주었기에, 겨우 기초 공사를 마친 것 같았던 나는 벽을 쌓아 올릴 양질의 재료들을 얻었다. 저자가 여러 이론과 신학적 통찰을 잘 이겨서 단단한 벽돌로 구워냈기 때문이다. 하나하나의 정리들이 친절했고, 생각과 시야의 지평에 숨을 불어넣어 주었으며, 앞으로 나갈 디딤돌이 되어 주었다. 이제 어디로 가야 할지 알 것 같다.

교회 뒤로 이어져 가는 나이아가라 단층(Niagara Escarpment) 꼭대기에 올랐을 때 만나는 시원한 바람과 너른 선망을 떠오르게 한 책이고, 오랜 이민 목회와 신학 교육의 현장에서 품었던 저자의 실존적이고 진실한 고민이 객관적 관찰과 비판적 성찰과 더불어 만나, 이민 교회와 신학의 창조적 미래를 제시해 주는 책이다. 저자의 다른 책 『디아스포라 다음세대를 위한 기독교교육과정: 디지털 세대에 적합한 참여적 신앙교육』과 한 몸을 이룰 것이다. 적어도 영미권에서 이민 목회를 하고 있는 이들이라면 일독을 넘어 탐독해야 할 책이고, 교회가 함께 읽어야 할 책이라고 생각한다. 리더들과의 독서 모임에 대한 기대감이 벌써 아지랑이처럼 피어오른다.

장성훈
(토론토 이글스필드한인교회 담임목사)

# 이 책 의 의 미

지난 18년 동안 감당해온 뉴질랜드 오클랜드에서의 한인교회 사역을 되돌아보면, 한 사람의 한인 이민자로 이민 교회에서 목회했지만 이민 신학의 부재로 말미암아 많은 어려움이 있었다는 것을 새삼 깨닫게 된다. 이렇게 이민 신학에 대한 정보가 많이 부족한 상황에서 이 책을 접하게 되었다. 이 책을 읽는 내내 그동안의 나의 이민 목회가 얼마나 주먹구구식이었는지 인식하면서 너무나 부끄러웠고, 이 책에서 말하는 이민 신학, 디아스포라의 신학이 이민 교회에 절대적으로 필요하다는 것을 느끼게 되었다.

뉴질랜드는 본격적인 한인들의 이민의 역사가 30년이 조금 넘었기 때문에 아직 한국사회와 한국교회의 영향을 많이 받고 있다. 시간이 지남에 따라 1.5세와 2세들이 교회 안에서 적응하기 힘들어 하는 시기가 다가왔고, 많은 한인교회와 목사들이 이 부분에 대해서 고민하기 시작했다. 많은 한인교회가 다음 세대를 잘 세워야 한다고 말하지만, 정작 다음 세대를 위한 정책이나 재정이나 교육의 부재는 심각한 현실이다. 본인도 이민 교회를 목회해 오면서 다음 세대를 위한 뉴질랜드코스타 공동대표를 10년째 하고 있지만, 이 책에서 말하는 이민 신학을 전혀 고려하지 않고 있었다.

이 책을 읽으면서 이민 신학의 필요성과 중요성을 다시 한번 인식하였다. 저자가 이 책에서 말하는 '다문화 목회', '이민자 정체성 확립을 위한 목회' 그리고 '디아스포라 선교를 위한 목회'를 실천하지 않는다면, 이민 교회는 계속적으로 세대 간의 갈등과 지역사회와의 단절 그리고 자기들만의 교회를 위한 돌연변이 같은 교회, 다시 말해 하나님이 원하시는 교회가 아닌 자기들만의 교회를 만들어가게 될 것이다.

이 책은 나에게 올바른 이민 목회에 대한 새로운 패러다임을 깨우쳐 준 책이기에 너무 감사한 마음이다. 이 책을 위해 그동안 많은 연구와 노력으로 헌신해 온 박종수 박사에게 감사의 마음을 전한다. 이민 교회에서 사역하는 모든 교역자와 평신도 리더에게 반드시 필요한 책이기에, 많은 이들이 함께 읽고 고민하면서 이민 목회의 새로운 장을 열어갔으면 좋겠다.

김종두
(뉴질랜드코스타 공동대표, 전 오클랜드 임마누엘교회 담임목사)

'흩뿌리거나 퍼트리는 것'을 의미하는 헬라어 단어 '디아스포라' (διασπορά)에서 비롯된 '디아스포라'(diaspora)는 어떤 한 민족이 스스로 혹은 다른 요인에 의해 자신들이 살던 땅을 떠나 다른 곳으로 이동해서 그곳에서 집단을 형성하는 현상이나 그 집단 자체를 일컫는 말이다. 역사적으로는 유대인들이 디아스포라의 대명사처럼 여겨졌지만, 21세기인 현재 우리 한인들에게도 디아스포라는 세계 곳곳에서 아주 익숙한 현실이 되어 가고 있다.

내가 30년 전부터 살고 있는 미국에도 이미 120여 년 전에 하와이 사탕수수 농장으로의 이주를 시작으로 디아스포라 공동체가 형성되기 시작하였고, 지금의 주류를 이루는 공동체는 60년대 이민법이 개정되면서 본격적으로 시작된 것이라 볼 수 있다. 시간이 흘러 이민 3세, 4세들이 출현하고 있는 시점에서도 디아스포라로서의 한인 그리고 한인교회는 끊임없이 "나는 누구인가? 우리는 여기서 무엇을 해야 하는가?"라는 정체성을 확인하는 질문을 마주한다.

디아스포라 주변인으로 세계 곳곳에서 살아가는 한인 그리스도인들은 모두 근본적으로는 같은 문제의식을 갖고 살아가고 있기에,

오랜 이민자의 삶과 목회의 경험을 이민 신학적 고민으로 풀어낸 저자의 『디아스포라 주변인: 단절, 주변화, 문화화』는 이러한 실존적이고 신학적인 고민과 질문들에 대한 하나의 통찰력 있는 답변이 될 수 있을 것이라 믿어 의심치 않는다. 20년 전, 본토 친척 아비 집을 떠났던 한 신학생, 목회자, 학자가 그간의 삶의 궤적을 통해 빚어낸 질그릇 같은 이 책이 보배처럼 귀하게 사용되기를 소망한다.

이성은
(시카고 두나미스장로교회 담임목사)

지역, 인종, 문화, 언어, 정치, 직업, 성별, 세대에 걸친 엄청난 변화의 소용돌이를 겪는 이민자들의 삶은 스스로에게나 타인에게나 부정적인 에너지로 인식될 수 있다. 이러한 이민자의 삶을 통해 야기되는 이전의 삶과의 단절 그리고 이민 온 새로운 사회 속에서 살아남기 위해 끊임없이 적응해야 하는 주변인의 고통스러운 삶의 경험들이 어떻게 긍정적인 에너지로, 승화된 가치로 발현될 수 있는지에 대한 진지한 학문적 화두를 이 책『디아스포라 주변인: 단절, 주변화, 문화화』를 통해 발견하게 된다.

저자 박종수 교수는 한 사람의 이민자, 기독교인, 신학자로서의 치열한 삶과 고민을 바탕으로 변방의 삶을 살고 있는 디아스포라 한인들과 그들이 세워 가는 이민 교회들이 어떻게 자신들의 정체성을 규정하며 건강한 이민자와 이민 교회로 세워져 갈 수 있을지에 대해 질문한다. 그리고 이에 대한 이민 신학적인 담론과 성찰의 장으로 우리를 초대한다. 그의 사색과 성찰을 통해서 고국을 떠난 이민자들이 더 이상 낯선 세상에서 자신들만의 리그를 형성하는 것에 그치지 않고, 어떻게 주류 사회의 일원이 되어 그 사회에 선한 영향력을 끼칠 수 있는지에 대한 통찰과 도전을 얻게 된다. 이제는 게토화된 디아스포라 주변인으로만 머물 것이 아니라 당당하게 그 사회의 일원으로, 더 나아가 주류의 흐름을 바꾸어 낼 수 있는 생명력 있는 강물이 될 수 있기를 소망한다. 이를 위해 본서가 이민자와 이민 교회를 위한 신학, 곧 이민 신학의 발전에 신선한 바람이 되어 주기를 기대하고 또 기도한다.

김세현

(시드니신학대학 한국어학부 학장)

# 차례

"주류 사회 구성원도, 한국 사회의 한국인도 할 수 없는,
오직 디아스포라 주변인이기 때문에 할 수 있는 일들을 발견하고
그 일들을 감당할 때,
주변성의 한계는 새로운 창조의 시작점이 될 수 있다."

　신학은 하나님을 깊이있게 성찰하고 사고함으로 하나님의 참
뜻을 추구하고, 이를 통해 우리의 신앙과 사역을 비평적으로 반추하
는 학문이다. 모든 신학적 통찰과 함의에는 한 신학자의 삶의 여정,
특히 그가 처한 독특한 상황에 대한 고뇌와 질문이 고스란히 묻어
있다. 이러한 개인적이고 실존론적인 몸부림이 다른 시대와 상황을
살고 있는 이들에게도 하나님에 대한 새로운 깨달음을 주는 이유는
이를 통해 우리가 경험하지 못한 하나님을 만나고 하나님에 대한
우리 사고의 지경이 넓어지기 때문이다. 우주를 창조하신 하나님이
매우 크신 분이고 우리가 현재 가지고 있는 하나님에 대한 경험과
지식이 매우 협소하고 파편적이라는 것을 인정한다면, 하나님을

더 잘 알기 위해 우리는 적극적으로 하나님에 대한 경험과 지식을 확장하고 심화시켜야 한다. 이를 위해 시대와 상황이 다른 다양한 신학 사상들을 읽고 접하며, 나와 다른 하나님 경험과 지식을 가진 이들과 겸손하게 소통해야 한다. 더 나아가 이렇게 배운 하나님에 대한 새로운 지식과 경험이 지금 나에게, 내가 처한 상황에 어떤 의미가 있는지를 비평적으로 성찰하며 '지금 이 곳'(Here and Now)에서 역사하시는 하나님을 더욱 깊이 있게 이해할 수 있도록 노력해야 한다. 이것이 하나님을 알아가는 '신학함'(Doing Theology)이다.

이처럼 신학이 우리가 서 있는 곳에서 하나님을 사고하고 이해해 가는 여정이라면, 이민 신학은 이민자의 눈으로, 이민자의 상황에서 이러한 신학적 여정을 밟아가는 노력이다. 이민자의 삶은 중심에서 주변으로의 변화를 가장 극적으로 보여주는 예 중의 하나이다. 이민을 통해 우리는 지금까지 뿌리내리고 있던 나라, 문화와 특권들로부터 떨어져 나간다. 이민은 우리를 중심에서 주변으로 내몬다. 이민을 통해 우리는 새로운 땅과 환경에 심겨져, 살아남기 위해 외딴 문화와 상황에 다시 뿌리내리며 적응해야 한다. 하나님의 약속을 믿고 본토 친척 아비 집을 떠난 아브라함과 사라는 다른 여느 이민자들처럼 새로운 땅에 대한 두려움과 동경을 가졌을 것이다. 고향에 대한 그리움과 새로운 땅에 정착하기 위한 몸부림은 죽을 때까지 이어졌을 것이다. 그들은 고향과 이주한 땅 가나안 사이에 살았다. 이처럼 이민은 경계선상에 사는 삶이며, 주변화를 경험하는 사건이다. 그러나 아브라함과 사라는 그 외딴곳에서, 주변화되는 그 자리에서 하나님을 인격적으로 만났다는 사실에 주목할 필요가 있다. 하나님을 인격적으로 대면한 아브라함과 사라는 그들의 이름뿐만 아니라 존재 양식과 삶의 방식 자체도 완전히 변화되었다. 그런데 이 지점에서 우리가 간과하기 쉬운 것이 그들의 이민자 신학이다. 아브라함과 사라가 하란에서의 신학, 즉 본토 친척 아비 집에서 만난 하나님 이해에 집착하고 매몰되었다면 가나안 땅에서 주변인으로 살게 하신 하나님의 뜻을 이해하기 어려웠을 것이다. 여러 사건을 거치면서 그들은 중심이 아닌 주변의 시각으로 하나님을 바라보기 시작했을 것이고, 자신들을 주변인으로 불러내신 그 이유를 하나님께 묻고 또 물으면서 열방을 향하신 하나님의 뜻과 계획을 깨달을 수 있었다. 아브라함과 사라의 이야기는 디아스포라 이민자들이 어떻게 신학을 해야 하는지, 어떻게 하나님을 이해하고 우리의 신앙과 사역을 바로잡을 수 있는지를 잘 보여준다.

대한민국 외교부가 발표한 「2023 재외동포현황」에 따르면 전세계 181개국에 708만 명이 넘는 한인 디아스포라가 흩어져 살고 있고 또한 5천 개가 넘는 한인 이민 교회가 활동하고 있다고 추산된다.[1] 그러나 한인 디아스포라 신앙 공동체의 이민 신학 지수는 여전

---

1 대한민국 「재외동포현황」은 외교부 재외동포청 재외동포정책과가 격년으로 펴내는 「재외동포현황」 자료를 보면 자세하게 기술되어 있다. 가장 최근에 출판된 자료는 「2023 재외동포현황」이다: 재외동포청 재외동포정책과, 「2023 재외동포현황」

히 걸음마 수준을 벗어나지 못한 것처럼 보인다. 그동안 여러 신학자에 의해 다양한 이민 신학적 개념들이 제시되어 왔지만, 그 연구결과들이 이민 교회 현장까지 스며들지 못했던 이유는 이민 교회를한국교회의 연장선상에서 바라보는 시각이 아직까지 강하기 때문이다. 그 결과 이민자의 독특성과 이민 교회의 특수성에 대한 신학적, 목회학적 관심은 결여되고, 이민 교회를 한국교회처럼 목회하려는 '상황 밖의 목회'가 양산되어 왔다. 이는 이민자를 부르시고이민 교회를 세우신 하나님의 특별한 뜻을 외면하는 결과로 이어질가능성이 높다. 그렇기에 아브라함과 사라가 하란에서의 신학, 곧중심의 신학을 버렸듯이, 한인 디아스포라 이민자와 이민 교회는한국에서의 신학, 한국인 중심적인 신학에서 벗어나야 한다. 가나안에서의 아브라함과 사라는 하란에서 살던 그들과 전혀 달랐듯이,한인 디아스포라 이민자의 상황은 한반도에서 살아가는 한국인과상이하기 때문이다. 이민 신학적 사유는 이 다름을 인식하는 것에서부터 시작된다. 이제는 디아스포라 이민 교회와 이민 목회에 대한보다 적극적인 학문적 성찰과 연구, 목회적 고민과 실천이 필요하다. 학자들뿐만 아니라 일선의 이민 목회자들과 성도들도 "하나님

---

(서울: 마스타상사, 2023). 한인 이민 교회의 수는 다음 기고를 참조하였다: 양태철,
"[특별기고] 한인 디아스포라 크리스천의 선교 사명," 「기독일보」, https://kr.christi
anitydaily.com/articles/116838/20230308/특별기고-한인-디아스포라-크리
스천의-선교-사명.htm (accessed 7 August, 2023).

은 왜 우리를 이민자로 부르셨을까? 하나님은 우리 이민자 신앙 공동체를 통해 무엇을 원하실까?" 등의 질문들을 진지하게 묻고 대답하려고 노력해야 한다. 하여 한국적인 신학과 목회 철학, 목회 프로그램 등에 대한 무분별한 수용을 지양하고, 이민 교회 현장에 맞게 비평적으로 도입하고 사용하는 지혜와 자세를 길러야 한다. 이민 교회의 목회와 교육은 이민자와 다음 세대들을 위한 실천이 돼야 하기 때문이다.

본서는 이러한 이민 신학의 대중화를 위한 개론서로 집필되었다. 이 책을 저술하면서 두 가지에 초점을 맞추었다. 첫 번째는 목회자뿐만 아니라 평신도들도 이해하기 쉬운 책으로 저술하는 것이었다. 이민 신학적 통찰과 함의가 이민 교회 공동체의 목회적 담론으로 자리 잡기 위해서는 목회자들뿐만 아니라 일반 성도들도 이민 신학의 필요성을 인식하고 이해할 필요가 있기 때문이다. 이런 이유로 이민 신학적 개념들을 최대한 쉽고 간결하게 진술하기 위해 노력하였다. 두 번째로 이 책의 내용이 신학적 진술로만 끝나지 않고 이민 교회 현장, 즉 목회와 교육의 실천으로까지 이어져 목회 일선에 실질적으로 도움이 되면 좋겠다고 생각했다. 그렇기에 이민 신학과 이민 교회론의 성찰과 함의를 건강한 목회와 교육을 위한 실천 진술들로 보다 구체화하기 위해 노력하였다. 이 두 가지에 초점을 맞춘 본서는 먼저 이민자의 삶과 정체성 연구를 통해 이민자가 누구인지를 심도 있게 논의할 것이다. 그 기반 위에 디아스포라 이민 신학과 이민 교회에 대한 고찰과 함께 건강한 이민 교회 목회와 교육에 대한 방향성을 제시하고자 한다.

논의를 시작하기에 앞서 한인 디아스포라에 대한 정의와 함께 이 책의 연구와 논지 범위에 대해 간략하게 언급하려고 한다. 2023년 6월 13일에 일부 개정되어 2023년 12월 14일부터 시행되고 있는 대한민국 〈재외동포의 출입국과 법적 지위에 관한 법률〉(약칭: 〈재외동포법〉) 2조에 따르면 대한민국 정부가 인정하는 재외동포란 다음과 같다: "1. 대한민국의 국민으로서 외국의 영주권을 취득한 자 또는 영주할 목적으로 외국에 거주하고 있는 자(이하 "재외국민"이라 한다); 2. 대한민국의 국적을 보유하였던 자(대한민국 정부 수립 전에 국외로 이주한 동포를 포함한다) 또는 그 직계비속으로서 외국국적을 취득한 자 중 대통령령으로 정하는 자(이하 "외국국적동포"라 한다)".2 즉, 재외동포는 '재외국민'과 '외국국적동포'를 포함하는 개념이다. 본서에서 말하는 한인 디아스포라는 재외국민과 외국국적동포를 모두 포함하는 재외동포를 의미한다. 이 중에서는 구한말과 일제강점기에 자의 반 타의 반으로 중국, 일본, 러시아, 중앙아시아 등에 정착한 이들과 이들의 후손들이 있고, 대한민국 정부 수립 이후에 시작된 현대적 의미의 이민자들과 후손들이 있다. 현대적

---

2 대한민국, 〈재외동포의 출입국과 법적 지위에 관한 법률〉(약칭: 〈재외동포법〉) [시행 2023. 12. 14.] [법률 제19434호, 2023. 6. 13., 일부개정], 2조 1항, 2항.

의미의 이민은 광업과 농업을 포함한 노동 이민으로 시작하여 남미, 북미, 유럽 등으로 퍼져나갔으나 점차 미국, 캐나다, 호주, 뉴질랜드 등과 같은 영미권 이민 국가에 집중되어 왔다. 영미권 이민 국가로 이민해서 정착한 현대적 의미의 이민자들은 조선족, 재일동포, 고려인들과는 여러 가지 의미로 다른 적응과 정착 과정을 겪었다. 이들이 살아온 시대적 상황이 다르고, 신분이나 삶의 형편이 매우 달랐기 때문이다. 하여 두 부류의 이민자들을 함께 논하기에는 지면의 한계가 있어, 이 책은 대한민국 정부 수립 이후에 국외로 이주한 이들, 특히 지난 60년 동안 엄청난 인원들이 이주했고 지금도 이민의 발길이 끊이지 않고 있는 영미권 이민 국가들에 정착한 이민자들에게 초점을 맞추려고 한다. 그러나 이 책에서 제시하는 주변인으로서의 디아스포라에 대한 이민 신학적 담론은 지역과 상황을 초월하여 대부분의 한인 디아스포라 신앙 공동체가 직면하는 본질적인 고민들과 질문들을 다루고 있기에, 여러 지엽적인 차이들을 뛰어넘어 다른 지역의 한인 공동체에도 적용될 수 있는 보편적인 신학적 가치와 의미들이 있을 것이라 기대한다.

# 1장

# 이민자의 삶

**단절, 주변화, 집단화 그리고…**

아놀드 반 게넵(Arnold Van Gennep)은 경계선상에 살고 있는 이들의 특징으로 단절, 주변화, 집단화를 언급한다.[1] 이민자 또한 두 문화 사이에 거주하기에, 이러한 단절, 주변화, 집단화를 경험하는 경우가 대부분이다. 그러나 모든 이민자가 똑같은 경험을 하는 것은 아니다. 그들이 새롭게 정착한 주류 사회, 이민자 개개인의 특성, 시대적 상황 등의 변수들에 따라 매우 다양한 경험을 하게 된다. 예를 들어 영미권에 이민 온 사람 중에서도 유럽에서 이민 온 사람들과 아시아 혹은 다른 문화권에서 이민 온 사람들의 정착 과정은 다를 수밖에 없다. 무엇보다 피부색이 큰 영향을 미친다. 유럽에서 이주한 사람들은 같은 백인이기에, 영어가 부족하고 문화적인 차이가 존재하더라도 상대적으로 쉽게 주류 사회 일원으로

---

1 Shalini Rana and Digvijay Pandya, "Separation, Marge, and Aggregation: A Study of Schema of Rites de Passage in the Light of Liminality," *GAP BODHI TARU*, Volume V, Issue I (2022): 20-24.

인정받으며 정착할 수 있다. 반면 비백인 이민자들은 다른 피부색으로 인해 이민 3세, 4세라 할지라도 주류 사회 일원이 아닌 이방인 취급을 받는 경우가 허다하다. 하지만 이런 차이들을 고려하더라도 단절, 주변화, 집단화는 형태나 내용이 다를 뿐 대부분의 이민자의 삶에서 쉽게 찾아볼 수 있는 특징들임에는 틀림이 없다. 이러한 이민자들이 겪을 수 있는 단절, 주변화, 집단화에 대해서 하나하나 살펴보자.

먼저 단절이다. 이민자가 자기 고국을 떠나서 다른 나라로 이주한다는 것은 고향 땅과의 단절을 의미한다. 가족과 친지, 친구와 동료들을 떠나고, 자기의 직업을 그만두고 또 여러 가지 것들을 포기하면서 새로운 땅으로 이주하는 것이다. 이런 의미에서 피부색과 상관없이 모든 이민자는 단절을 경험한다고 할 수 있다. 이 단절의 경험을 어떻게 받아들이고 또 어떻게 극복해 가느냐에 따라서 한 이민자의 삶의 질이 결정될 수 있다. 똑같은 단절을 겪어도 새로운 땅에서 과거에 매여 이민온 것을 후회한다면, 새로운 땅에 정착하고 새로운 문화와 언어 등을 수용하는 것이 더 힘들 것이다. 반면 이주로부터 경험하는 단절을 건설적인 도전으로 생각하고 새로운 것을 받아들이기 위한 적극적 동기로 삼아간다면, 단절은 새로운 가능성의 시작점이 될 수 있다.

보통 옛것과의 단절과 새것의 수용은 별다른 성찰 없이 무의식적으로 그리고 동시다발적으로 일어나는 경우가 많다. 하여 무엇과 단절하고 있고, 무엇을 새롭게 수용해 왔는지 인식하지 못할 수 있다. 더 나아가 현재의 심리 상태가 단절과 수용 과정과 직간접적으로 연관되어 있을지라도 그 연결고리를 파악하지 못할 수 있다. 따라서 자신의 단절과 수용 과정을 비평적으로 성찰하고 인식하려는 노력도 건강한 이민 생활을 위해 아주 필요한 요소들일 수 있다. 왜냐하면 어떤 단절을 통해 생긴 심리적, 사회적, 문화적 문제들이 해결되지 않은 상태에서 또 다른 단절을 만나면, 이리저리 얽혀있는 실타래처럼 여러 문제가 꼬여 문제를 해결하기가 훨씬 어렵게 되기 때문이다. 그 결과 무언가 설명할 수 없는 불만, 무력감, 후회 등으로 가득 찬 이민 생활을 할 수도 있다. 이를 피하기 위해서 우리는 단절의 경험을 직시해야 한다. 이 단절을 어떻게 받아들이고, 어떻게 승화시킬 것인가를 끊임없이 질문할 수 있어야 한다.

이민자들이 흔히 경험하는 단절은 크게 세 가지로 나눌 수 있다. 첫 번째는 떠나온 고국 사회로부터의 단절, 두 번째는 이주해 온 주류 사회로부터의 단절, 세 번째는 주류 사회의 문화와 언어에 동화된 자녀들과의 단절이다. 이런 단절의 경험들은 개인에 따라, 각 가정에 따라, 정착한 주류 사회의 상황에 따라 그리고 언제 이주했느냐에 따라 매우 상이하게 경험될 것이다. 한인 디아스포라 이민자들을 중심으로 이상의 세 가지 단절에 대해 생각해 보자. 먼저 고국 사회로부터의 단절이다. 최근에 이주한 이민자들보다 70~80년대에 이주한 이민자들이 더 큰 단절을 경험했을 가능성이 높다. 그 당시만 하더라도 인터넷 기술과 통신 기술이 오늘날같이 발전하지 않아서 고국에 있는 가족, 친지들과 자유롭게 실시간으로 소통할 수 없었다. 한국의 정치, 사회 뉴스 등을 접하기도 어려웠고, 한국의 드라마나 영화 등도 비디오를 통해서만 접할 수 있었다. 뿐만 아니라 그때는 한국의 대중문화에 대한 관심도 낮았기 때문에 2세 자녀들이 한국 문화를 접할 수 있는 기회는 훨씬 적을 수밖에 없었고, 그 결과 한국어 실력을 키울 기회도 의지도 빈약한 경우가 많았다.

그러나 오늘날은 카톡, 스카이프, 줌 등을 활용하여 한국의 가족, 친지들과 문자로, 전화로, 화상으로 쉽게 소통할 수 있는 시대다. 네이버, 다음, 유튜브 같은 플랫폼에서 한국 뉴스를 쉽게 접할 수 있고, 넷플릭스, 디즈니 플러스와 같은 다양한 OTT 플랫폼을 통해 한국의 드라마, 영화, 예능 프로그램 등을 실시간으로 시청할 수 있다. 거기에다 급부상하는 한국의 소프트파워로 인해 외국 땅에서 태어나고 자란 이민 2세들도 K-팝, K-드라마, K-뷰티 등에 엄청난 관심을 가지게 되고, 이는 한국에 대한 자부심, 한국어 구사 필요성 등에 긍정적인 영향을 미치고 있다. 이와 같은 변화는 물리적으로 떨어져 있는 고국 사회와의 거리를 좁히는 데 큰 역할을 하고 있다. 그럼에도 많은 이민자들은 고국을 방문할 때마다 이민을 떠난 시점과 비교해서 너무나 빠르게 변화하는 한국 사회에 대한 이질감, 오랜 이민 생활을 통해 익숙하게 된 새로운 문화가 한국 문화와 상충할 때 생기는 불편함 등의 단절 감정을 토로한다.

시대적 변화는 주류 사회로부터의 단절 경험에도 다양한 변화를 가져왔다. 이주해 오는 여러 인종과 민족에 대한 주류 사회의 인식이 해를 거듭할수록 변화하여 왔고, 이러한 변화된 인식은 인종 차별, 종교 차별, 성차별, 문화 차별 등과 같은 다양한 편견과 폭력의 축소 혹은 철폐로 이어지고 있다. 그럼에도 불구하고 다양한 불평등이 보이게, 보이지 않게 존재하는 것이 현실이고, 이민자들의 주류 사회 정착은 여전히 높은 장벽이다. 특별히 세계에서 가장 강력한 단일 문화권에서 생활하다가 이주해 온 한인 이민자들은 다문화, 다인종, 다종교 사회에서 타민족 사람들과 교류하는 것을 힘들어하는 경향이 강한 데다가 언어 문제까지 겹치면서 주류 사회에 들어가지 못하고 변방에 머무르는 경우가 많다. 한인 이민자들의 한인교회 출석률이 타민족 기독교인들의 민족교회 출석률보다 월등히 높다든지, 자신의 전문 직종에서 일자리를 찾지 못하고 소규모 자영업이나 블루칼라 직종에서 일하는 경우들이 많다든지 등의 현상들은 주류 사회에 뿌리내리지 못하는 한인 이민자들의 현실을 보여준다.

자녀들과의 단절 경험도 시대에 따라 변화하고 있다. 위에서 언급했듯이 이제 우리 자녀들은 한국의 대중문화가 전 세계에 확산되는 시대를 살고 있다. 이러한 변화는 이민자 가정에서 부모와 자녀 간의 의사소통과 문화적인 공감대 형성에 엄청난 영향을 미쳤고, 자연스럽게 주류 사회의 문화와 언어에 동화된 자녀들과의 단절 경험에도 변화를 가져왔다. 미국, 캐나다, 호주, 뉴질랜드 등과 같은 영어권 지역 이민의 경우 처음에는 먹고살기 위한 경제 이민에서 시작하여 점차 자녀들에게 보다 좋은 삶의 환경을 제공하기 위한 교육 이민으로 그 목적과 초점이 바뀌어 왔다. 이런 목적과 초점의 변화는 이민자 가정의 우선순위와 주요 관심의 변화와도 맥을 같이한다. 하지만 경제 이민이든, 교육 이민이든 한민족의 교육열에는 차이가 없고, 자녀들이 한국인 정체성을 잃지 않고 주류 사회에서 성공하기를 바라는 부모들의 바람도 매한가지다.

그렇기에 자녀들이 주류 사회의 문화와 언어에 완전히 동화되어 한국어를 유창하게 구사하지 못하고 한국인 정체성과 문화에 무관심하게 될 때 받는 부모 세대들의 충격 혹은 실망은 적지 않다. 열심히 피땀 흘려 새로운 땅에서 삶의 터전을 일구었지만, 사랑하는 자녀들과 깊은 대화조차 나누지 못하는 현실을 받아들이기는 쉽지 않다. 흥미로운 점은 미국, 캐나다, 호주 등과 같은 선진국에서 이런 현상이 두드러져 왔다는 사실이다. 같은 이민자 자녀라도 한국보다 경제적으로 후진국인 국가들, 예를 들어 중남미 국가에서 자라는 자녀들은 스페인어도 잘하고 한국어도 잘하는 경우가 많다. 왜 그럴까? 이는 한국에 대한 자부심과 직접적으로 연관된다. 한국보다 잘사는 선진국에서는 한국의 위상이 상대적으로 낮기에 한국인보다 미국인, 캐나다인, 호주인으로 자신을 규정하는 경우가 많고, 반면 한국보다 못 사는 나라들에서는 한국의 위상이 높기에 한국인의 정체성을 버리지 않는다. 이러한 자부심과 정체성은 한국어 구사 능력에도 직접적인 영향을 미친다. 그러나 오늘날에는 한국도 눈부신 경제성장과 기술 발전으로 당당히 선진국 대열에 합류하였고, 특별히 한국의 대중문화가 전 세계적으로 인기를 얻으면서 한국에 대한 자부심이 상당히 높아져 가고 있다. 이러한 한국에 대한 자부심은 자연스럽게 한국 문화와 언어에 대한 관심으로 이어져서 한국어에 유창한 영어권 이민 자녀들이 늘고 있는 추세다. 이러한 변화는 자연스럽게 이민자 가정의 변화, 무엇보다 부모, 자녀 간의 의사소통과 자녀와의 단절 경험에 질적 변화를 가져오고 있다. 이처럼 변화하는 시대에 따라 그리고 다양한 변수들에 따라 이민자들이 느끼는 단절의 강도, 종류 등은 다양할 수 있다.

한편 주변화는 이런 단절의 경험들이 축적된 구조적인 현실이다. 주변화란 쉽게 말해 주변으로 내몰리는 삶이다. 여러 가지 이유로 주류 사회의 주변부에서 맴도는, 하여 주류 사회 속에서 살아가지만 그 속에 온전히 수용되지 못한 이것도 저것도 아닌 상태가 바로 주변화된 상황이다. 더 나아가 떠나온 한국 사회와도 이질감을 느끼고, 한인 이민자 사회에서도 소외감을 느끼며, 가정에서도 배우자와 자녀들과의 단절을 경험한다면, 훨씬 심각한 주변화의 아픔을 감내해야 한다. 주변화는 중심에 있다가 갑자기 주변으로 내몰린 것이기에 공허함, 비참함, 수치 등의 부정적인 감정을 느낄 가능성이 높다. 이러한 주변화는 많은 이민자가 감내하는 현실이요, 이민 생활의 많은 부분을 차지하는 핵심적 경험이다. 흥미로운 점은 이민자들이 겪는 이러한 주변화적 경험이 성경에도 잘 그려지고 있다는 사실이다. 성경에 등장하는 많은 이민자도 주변화의 아픔을 온몸으로 견뎌내었다. 그 시작은 아브라함이었다. 믿음의 조상이라 불리는 아브라함의 믿음의 여정은 고향 땅을 떠나 가나안으로의 이민으로부터 시작된다. 당시 하란에 뿌리내리고 있던 아브라함은 하나님의 명령과 축복의 약속을 믿고 75세의 나이에 고향을 떠나 낯선 땅으로 이주한다. 75세는 지금이나 옛날이나 고령이다. 특히 아브라함이 살던 시대에 씨족들이 모여 사는 마을 공동체를 떠난다는 것은 죽음을 각오한 결단이었다. 그 시절에는 마을 공동체가 삶 자체였기 때문이다. 그 안에서 물물 교환도 이루어지고 삶에 필요한 모든 것이 해결됐는데, 그 공동체를 떠나서 전혀 새로운 곳으로 이주한다는 것은 오늘날의 이민과는 결이 다른 사건이었다. 전쟁이나 기근 등과 같이 피할 수 없는 재앙으로 인해 다른 땅으로 이주하는 경우들은 있었지만, 아내 사라와 조카 롯만 데리고 떠난 아브라함의 이주는 당시로서는 아주 드문, 어떻게 보면 무모한 행위였다.

하란을 떠나 가나안에 정착한 아브라함과 그의 가족들은 말할 수 없는 주변화의 고통을 감내하게 된다. 이 고통은 소외와 차별 그 이상이었다. 아브라함과 그의 가족들은 인종과 문화와 언어가 다른 낯선 이방인이었기 때문에 지역 공동체의 보호를 전혀 받지 못했다. 그 비근한 예가 아내 사라를 자기 누이동생이라고 두 번씩이나 거짓말하는 장면이다. 사라를 아내라고 이야기했다가 그녀를 연모하는 이들에게 죽임을 당할 수 있다는 두려움으로 가득 차서 두 번씩이나 누이라고 거짓말할 수밖에 없었던 상황은 아브라함이 처한 환경이 얼마나 적대적이었는지 그리고 그가 얼마나 무력했는지를 단적으로 보여 준다. 이민 2세였던 이삭의 삶도 마찬가지였다. 이삭은 가나안에서 태어나고 자랐기 때문에 아버지 아브라함보다는 가나안 언어에 유창했고 그 문화에 익숙했을 것이다. 그러나 그 땅에 심한 기근이 들어 이삭은 그랄이라는 곳으로 이주해야 했다. 또 다른 이민 생활의 시작이었다. 그랄에서 이삭은 하나님께 큰 복을 받아 100배 부자가 되었다고 성경은 기록한다. 그런데 외부인이 들어와 엄청난 부자가 되니 그랄 현지인들이 그를 미워하기 시작했고, 결국 그를 추방하였다. 소수 이민자였던 이삭은 별다른 저항도 못 하고 삶의 터전을 빼앗겼다. 하루아침에 메마른 광야로 쫓겨난 이삭은 살기 위해 부랴부랴 우물을 찾아야 했고, 우여곡절 끝에 여러 우물을 팠지만 그마저도 계속 빼앗기며 더욱 주변부로 내몰리게 되었다. 이삭이 마음이 너그럽고 다투는 것을 좋아하지 않는 온유한 성격이라 그냥 내어준 것이 아니다. 가축을 키우던 이삭에게 우물은 삶의 터전이요 생명의 보루였다는 것을 감안하면, 힘없이 빼앗기고 내몰리는 이민자의 처지가 얼마나 연약한지를 잘 보여 준다. 힘이 없어 주변으로 내몰릴 수밖에 없는 현실, 이것이 이민자들이 겪는 주변화다. 아브라함과 이삭이 겪었던 주변화는 옛날이야기가 아니라 오늘날도 수많은 이민자가 새로운 땅에서 매일 크고 작게 겪는 현실이다. 주변화 경험은 분명 고통이지만, 이 부정적인 경험을 어떻게 해석하고 승화시켜 나가느냐가 이민자들의 큰 숙제라 할 수 있다.

마지막으로 집단화는 경계선상에 살아가는 이민자들의 삶에서 찾아볼 수 있는 또 하나의 주요 특징이다. 집단화는 주류 사회와 단절되고 주변부로 내몰린 이민자들이 자기들끼리 집단을 이루는 것을 의미한다. 사실 이민자들의 집단화는 객관적으로 볼 때 자연스러운 현상이다. 이민자들이 타지로 이주해 와서 언어가 통하고 문화가 같은 민족끼리 함께 교류하면서 서로 격려하며 지내는 것은 지극히 흔한 일이다. 집단화는 주변화의 충격과 아픔을 어느 정도 막아주는 방어막과 같아서, 이민자들의 웰빙에 중요한 역할을 하기도 한다. 그런데 문제는 집단화가 게토화로 변질되는 것이다. 국립국어원 표준국어대사전은 '게토'를 다음과 같이 설명한다: "(1) 유대인들이 모여 살도록 법으로 규정해 놓은 거주 지역; (2) 미국에서, 흑인 또는 소수 민족이 사는 빈민가."[2] 두 용례 모두 부정적인 의미를 내포한다. 이처럼 게토는 폐쇄적인 격리지역이나 정치, 경

---

2 국립국어원, "표준국어대사전," https://stdict.korean.go.kr/search/searchView.do?word_no=391867&searchKeywordTo=3. (accessed 5 July, 2023)

제, 문화적으로 소외된 지역을 의미한다. 하여 게토화된다는 것은 스스로 소외된 외딴섬처럼 폐쇄적인 공동체가 되는 것이다. 하나의 이민 공동체가 외딴 문화적 섬이 되면, 주류 사회와는 철저히 담을 쌓고 지역사회와 어떻게 연결할 것인가에 대한 고민도 없이 그냥 자기들끼리 살게 된다. 시인 정현종은 "그 섬에 가고 싶다"[3]고 외쳤지만, 문화적 섬에 갇힌 이들은 타자들과의 소통에 무관심하다. 분명한 건 게토화된 공동체는 스스로 고립되어 말라 죽어간다는 사실이다. 이는 강줄기에서 분리된 웅덩이와 같다. 처음에는 거센 물살에서 벗어나 평안하고 안락할 수는 있지만, 시간이 흐르며 물은 메마르고 썩으면서 생명이 살 수 없는 죽은 공간이 되어 버리고 만다.

따라서 이민자 공동체는 건강한 집단화, 열린 공동체를 만들어 가도록 최선을 다해야 한다. 언제나 자신들이 뿌리내리고 살아가는 주류 사회와 소통하며, 주류 사회에 기여하고, 이웃들을 섬기는 공동체를 추구해야 한다. 그렇지 않으면 부지불식간에 게토화되기 쉽다. 왜냐하면 이민자들은 단절과 주변화의 거센 물살을 온몸으로 부딪쳐야 하는 존재들이기 때문이다. 거친 강물에서 벗어나 평화로운 웅덩이 안에 머물고 싶은 유혹이 늘 강하게 엄습하기 때문이다. 스스로 게토화되는 것은 편한 길이다. 말이 통하고 문화가 같은

---

3 정현종, 『섬』, 시인의 그림이 있는 정현종 시선집 (서울: 문학판, 2015).

사람들끼리 모여 사는 것은 편하다. 그러나 울타리 뒤에 숨어서 주류 사회와 타민족 이웃들과 소통하지 않는 이민자, 이민자 공동체는 아무런 영향력과 생명력도 흘려보낼 수 없는 외딴섬으로 전락할 수밖에 없다는 점을 기억해야 한다. 주위와 소통하는 공동체는 단절과 주변화의 아픔을 창조적으로 승화시킬 힘을 가지지만, 게토화된 집단은 단절과 주변화의 고통 가운데 함몰되어 그 굴레를 벗어나기가 어렵다.

이와 같은 단절, 주변화, 집단화는 대부분의 이민자가 새로운 땅에 정착할 때 일반적으로 겪을 수 있는 과정들이다. 하지만 각 개인의 경험들은 다양한 변수들에 따라 천차만별이다. 그렇기에 나의 경험 혹은 내가 속한 공동체의 경험을 타자나 타민족 공동체에 여과 없이 적용하고 판단해서는 안 된다. 또한 기억해야 할 것은 이민자의 삶은 집단화에서 멈추지 않는다는 것이다. 아니, 멈춰서는 안 된다. 건강한 이민 생활을 하기 위해서 우리는 한 단계를 더 나아가야 하는데, 바로 문화화다. 두 개의 상이한 문화 사이에서 살아가는 이민자만이 만들어 낼 수 있는 제3의 문화, 이 새로운 문화 창조가 바로 문화화요 이민자가 추구해야 할 궁극적인 가치이다. 이를 위해서는 옛 문화와 새 문화 사이에 끼어 있는 이민자가 어떻게 두 문화 사이에서 적응하고 정착해 가는지가 중요하다.

## 반추와 토론을 위한 질문

1) 태어나고 자란 나라를 떠나 새로운 땅에서 새롭게 정착하는 이민자들은 모두 '단절'의 경험을 하게 된다. 이민자로서의 나의 단절 경험들을 반추해 보자. '조국 사회', '주류사회' 그리고 '자녀(혹은 부모)'와의 단절 경험들이 있는가? 이러한 경험들이 나에게 주는 긍정적 혹은 부정적 의미들은 무엇인가?

2) 소수 인종, 소수민족 이민자들은 주류사회에 잘 적응하지 못하고 주변부로 밀려나는 경우들이 많다. 즉 '주변화', 주변으로 내몰린 삶이다. 내가 경험한 주변화의 상황들을 반추해 보자. 주변화의 경험들은 나의 정체성과 삶에 어떠한 영향을 미쳐왔는가?

3) 같은 언어를 사용하고 같은 문화를 공유한 이민자들이 함께 모여 공동체를 이루는 것이 '집단화'이다. 이민자의 집단화는 지극히 자연스런 현상이다. 그러나 문제는 이민자의 집단화가 게토화로 변질되어 주류사회나 타 민족공동체들과 소통하지 않는 폐쇄적 공동체가 되는 것이다. 무엇이 집단화를 게토화로 변질시키는가? 내가 속한 한인공동체의 상황은 어떠한가?

4) 창세기 12장을 읽고, 아브라함과 사라의 이민 생활을 상상해 보자. 아브라함과 사라의 단절, 주변화, 집단화를 각각 묵상한 후, 나눠보자.

2장

# 이민자의 적응과 정착

## 문화화

# 1. 이민자의 적응 모델*

이민자들이 새로운 문화에 어떻게 적응하고 정착하는지, 그 과정에서 옛 문화를 어떻게 처리하는지 등에 초점을 맞춘 다양한 모델들이 연구되고 제시되어 왔다. 주요 모델들을 소개하면 다음과 같다.

먼저 동화 모델이 오랫동안 지지를 받았다. 동화 이론은 이민자는 시간이 걸려도 주류 사회와 문화에 동화된다고 생각한다. 이 모델은 20세기 초중반까지 주류 학계에서 강조하는 이론이었다. 주요 이민 국가라 할 수 있는 미국, 캐나다, 호주, 뉴질랜드 등의 이민 상황을 고려하면, 20세기 초중반까지는 같은 백인 유럽인들이 주로 이민을 왔기 때문에 쉽게 영미권 주류 사회에 동화된다고 믿었다. 그렇기에 동화 모델은 설득력이 있었고, 정부의 이민 정책에 많은 영향을 미쳤다. 많은 이민 정책이 이민자들이 주류 사회에 잘 동화되도록 격려하고 돕는 데 초점이 맞춰져 있었다. 그러나 20세기 중후반부터 비유럽 국가들에서 이민자들이 흡입되기 시작

---

\* 여기에서 제시하는 이민자의 적응 모델들은 스티브 강(S. Steve Kang)의 분류를 참조하였고, 이를 좀 더 발전시켰다. S. Steve Kang, *Unveiling the Socioculturally Constructed Multivoiced Self: Themes of Self Construction and Self Integration in the Narratives of Second-Generation Korean American Young Adults* (Lanham, MD: University Press of America, 2002), 51-59.

하면서 동화 모델은 설 자리를 잃어 갔다. 즉, 인종과 언어가 다르고 문화와 종교가 다른 이민자들은 주류 사회에 적응하기 위해 노력하지만, 결코 자신들의 문화, 언어, 종교 등을 버리고 주류 사회에 동화되지 않는다는 것을 목도하게 되었다. 심지어 쉽게 동화된다고 생각해 왔던 유럽계 이민자들도 자신들의 고유한 문화와 언어 등을 버리지 않고 자신들의 뿌리를 지키려고 노력한다는 연구 결과들과 맞물려 동화 이론은 더 이상 주류 학계의 지지를 받을 수 없었다.

흥미로운 점은 이 모델은 학계에서는 더 이상 설득력이 없는 구식 이론이지만, 일반 사회에서는 여전히 동화 모델식 사고를 하는 주류 사회 사람들이 상당히 많다는 것이다. 예를 들어 "이 나라로 이민을 왔으면 이 나라에 동화돼야지", "영어를 쓰는 나라에 왔으면 영어를 잘해야지" 하는 등의 사고 자체가 동화 모델식 사고다. 이러한 주류 문화 중심적인 동화 모델식 사고로 이민자들을 바라보면, 이민자들이 겪는 불평등과 차별 등에 별 문제의식을 갖지 않는다. 더 나아가 인종 차별적 발언과 행동을 스스럼없이 하는 경향이 많고, 주류 특권 의식으로 그것들의 심각성을 인지하지 못할 때도 많다. 이처럼 동화 모델식 사고는 많은 불평등과 폭력을 양산해 왔다.

동화 모델이 설득력을 잃으면서 새롭게 제시된 이론이 소위 멜팅 폿(Melting Pot) 통합 모델이다. 다양한 인종, 언어, 문화, 종교 등을 가진 이민자들이 앵글로-색슨의 주류 사회에 동화되지 않는다면, 모든 문화적 요소를 하나의 가마솥 안에 넣어 섞어서 하나의 통일된 문화를 만들자는 취지가 바로 통합 모델이 추구하는 바다. 즉, 솥 안에 다양한 재료들을 넣고 끓여서 모든 재료의 맛이 우러나는 새로운 스프를 만들자는 것이다. 동화 모델은 주류 문화는 그대로 있고 다른 비주류의 문화들이 주류 문화 속으로 흡입되는 것에 초점이 맞춰졌다면, 통합 모델은 비주류의 문화들뿐만 아니라 주류 문화도 가마솥에 들어가 섞이고 변화되어야 한다는 것에 강조점을 둔다. 하지만 현실은 이론적 이상과는 거리가 있었다. 주류 문화를 포함한 모든 문화적 요소를 한데 넣고 섞으면 다양한 문화의 맛과 향을 아우르는 새로운 문화를 만들어 낼 수 있다고 생각했지만, 다양한 언어와 종교 등의 요소들이 오랜 세월 동안 만들어 온 각각의 독특한 문화들이 섞인다는 발상 자체가 현실적이지 않았다. 동화 모델에서 주장한 이민자들의 주류 사회로의 완벽한 동화가 불가능하듯이, 통합 모델에서 기대한 이민자들의 문화적 섞임과 본질적 통합도 이론적 환상임이 입증되었다. 문화는 섞이지 않는다. 물과 기름처럼 층을 나누어 함께 공존할 뿐이다. 하여 섞으면 섞으려 할수록 본래의 의도와는 다르게 주류 문화에 비해 힘이 약한 소수 문화들을 억누르는 결과를 가져올 수도 있다는 비판을 받아 왔고, 소수 민족 이민자들의 저항을 불러일으켰다. 통합 모델의 실패를 보면서 학자들은 다양한 문화의 맛과 향을 보존하기 위해서는 동화를 강요해서도, 통합을 추구해서도 안 된다는 것을 알게 되었다.

그 결과 새롭게 제시된 이론이 문화적 복수주의 모델, 다문화주의(Multiculturalism)다. 문화적 복수주의는 한 사회에 존재하는 다양한 문화적 요소들을 인정하고, 그 독특한 맛과 향을 보존하고 살리는 데 초점을 맞춘다. 이 모델은 민족 문화와 민족 정체성은 쉽게 버릴 수 있는 것도 아니고, 쉽게 다른 문화들과 섞일 수 있는 것이 아니라는 전제 위에 발전되어 왔다.

대부분의 이민자는 주류 사회에서 적응할 때 주류 사회의 문화와 언어를 배우며 새로운 땅에 적응하고 정착하기 위해 최선을 다하지만, 동시에 자기의 문화와 정체성은 잃지 않고 지키려고 노력하기 때문이다. 그렇기에 다양한 문화들을 서로 존중하며 함께 공존하는, 그런 조화로운 다문화 사회를 만들어 가는 것이 다문화주의가 추구하는 것이다. 그런데 이 문화적 복수주의, 다문화주의의 단점은 다양한 문화가 있다는 것을 인정하면서도 각각의 문화들이 어떻게 상호 교류하고 발전하는지에 대해서는 침묵한다. 하여 문화적 복수주의를 극복하기 위해 다양한 문화들의 상호 교류에 초점을 맞춘 문화적 상호주의, 인터컬츄럴리즘(Interculturalism)이 대안으로 제시되었다. 문화적 상호주의는 자신의 문화와 정체성을 가지고 어떻게 타 문화, 타민족들과 교류하고 협력하는지에 관심을 갖는다. 문화적 상호주의와 비슷하지만 한 발자국 더 나간 개념이 있는데, 바로 문화적 교차주의, 곧 크로스컬츄럴리즘(Crossculturalism)이다. 문화적 상호주의가 문화 간(inter) 관계와 교류에 초점을 맞춘다면, 문화적 교차주의는 나의 문화를 넘어(cross over) 타 문화 속으로 들어가는 것에 중점을 둔다. 호주의 신학자 헬렌 리치몬드같은 신학자들은 예수의 크로스오버적인 삶을 생각하며 문화적 교차주의를 기독교적 가치와 실천으로 해석하기도 한다.[1]

이처럼 문화적 상호주의와 문화적 교차주의는 다문화 상황에서 적극적으로 타 문화를 이해하고 적응해 가려는 노력이다. 이 가운데 복수 문화 간의 변증법적인 만남을 통한 새로운 문화들이 출현할 수 있다. 이것이 이민자들이 새로운 땅에서 새로운 문화를 접하면서 자신들의 전통문화에 매몰되지 않고 제3의 문화를 만들어 가는 문화화 과정이다.[2]

---

1 Helen Richmond, "Becoming a Multicultural Nation and Multicultural Church," In *30 Years Korean Ministry in Australia*, edited by Myung Duk Yang and Clive Pearson (North Parramatta: UTC Publications, 2004), 453-461.

2 스티브 강은 민족 형성(Ethnogenesis)을 하나의 모델로 제시하고 있다. 민족 형성 모델은 이민자의 후손들은 주류 사회 문화와의 계속적인 문화적 상호작용을 통해 새로운 민족그룹을 형성한다고 보는 관점이다. 이렇게 형성된 새로운 민족 그룹은 이민자 선조들과 다르며 또한 주류 사회의 후손들과도 다르다고 본다. 소위 말하는 제3의 문화를 형성하고 발전시킨다는 말이다. 필자는 이 의견에 동의하며, 이는 필연적인 과정이라고 생각한다. 그러나 민족 형성은 하나의 독립적인 모델이라기보다는 계속되는 문화화의 결과로 보는 것이 타당하다고 생각한다. 2세들의 문화화, 3세들의 문화화, 4세들의 문화화 등이 계속 진행되고 축적되면서 이민자 선조들과는 전혀 다른 제3의 문화를 가진 새로운 민족이 형성될 것이다. S. Steve Kang, *Unveiling the Socioculturally Constructed Multivoiced Self*, 58-59.

## 2. 존 베리(John Berry)의 문화화 모델[3]

존 베리의 문화화(Acculturation) 모델은 문화화 과정을 이해하는데 귀한 통찰을 제공한다. 베리는 수많은 이민자들의 문화화 과정을 연구·분석한 후 이민자의 전통문화와 새로운 문화를 대하는 네 가지 다른 태도를 제시한다. 첫 번째는 통합적인 태도, 두 번째는 동화적인 태도, 세 번째는 분리적인 태도, 네 번째는 소외적인 태도다. 이러한 네 가지 태도는 베리가 연구 대상자들에게 던진 두 가지 질문에 대한 답변들에 기인한다: 첫째, "당신의 전통문화를 지키기 위해 당신은 노력하십니까?" 둘째, "새로운 문화를 받아들이고 적응하는데 당신은 노력하십니까?" 이상 두 가지 질문에 대해 모두 "네"라고 대답하면 통합적인 태도, 모두 "아니오"라고 대답하면 소외적 태도다. 첫째 질문에는 "네", 둘째 질문에는 "아니오"라고 답하면 분리적인 태도, 반면 첫째 질문에는 "아니오", 둘째 질문에는 "네"라고 답하면 동화적인 태도를 가진 사람이다.

베리의 연구 결과 가장 많은 이민자들이 보인 태도는 통합적

---

3 이곳에서 소개하는 존 베리(John Berry)의 문화화 모델은 다음과 같은 그의 두 편의 논문에 기반한다: John W. Berry, "Immigration, Acculturation, and Adaptation," *Applied Psychology: An International Review* 46, no. 1(1997): 5-34; John W. Berry, Jean S. Phinney, David L. Sam, and Paul Vedder, "Immigrant Youth: Acculturation, Identity, and Adaptation," *Applied Psychology: An International Review* 55, no. 3(2006): 303-332.

태도였다. 통합적 태도는 옛 문화와 새 문화 모두를 수용하고 통합하려는 자세다. 옛 문화를 지키고자 노력하지만 동시에 새 문화도 열심히 배우고 적응하려고 노력한다. 둘 중의 하나를 택하려는 이분법적 접근이 아닌 문화적 상호주의, 문화적 교차주의를 통해 양 문화의 변증법적 통합을 추구한다. 통합적 태도는 제3의 문화를 창조할 수 있는 가장 좋은 토대이다. 통합적 태도 다음으로 가장 많은 이민자들이 추구하는 태도는 분리적 태도였다. 분리적 태도는 전통문화와 정체성을 지키고 보존하는 데 큰 의미를 두고, 반면 새로운 문화와 가치를 받아들이는 데는 소극적인 자세이다. 분리적 태도는 민족성이 강한 삶의 모습이다. 한인 이민자 1세들의 경우 분리적 태도를 가진 이들이 전통적으로 많았다. 이는 한국 사회가 지금까지도 세계에서 가장 단일 문화적인 사회 중의 하나라는 점과 직결되는 현상이다. 단일 문화적인 사회에서 태어나고 자랐기에 민족성이 매우 강하며, 타 문화에 대한 이해도나 수용력이 상대적으로 낮다. 그러다 보니 주류 사회에 적극적으로 참여하거나 타민족들과의 유대감을 발전시키기보다 한인 공동체에 머물며 문화적인 섬으로 살아가는 경우들이 많았다. 이러한 분리적 태도는 자녀들에게 한국어 구사와 한국인의 정체성을 강요하는 교육으로 이어져 다음 세대와의 갈등을 부추기는 경향이 있다.

분리적 태도와는 반대로 이민 온 국가의 문화에 초점을 맞추고 주류 문화 중심적으로 살아가는 모습이 동화적 태도이다. 고국을 떠나 새로운 땅에 정착하러 왔으니 옛것에 집착하지 않고 새것에 집중하자는 자세이다. 이런 태도를 가진 이들은 자연스럽게 자녀들에게 고국의 언어와 문화를 가르치지 않거나 강조하지 않는 경향이 크다. 이러한 동화적 태도는 새로 이주한 사회의 언어와 문화가 떠나온 사회와 크게 동떨어지지 않은 경우, 다문화 사회에서 태어나고 자라 타 문화에 대한 거부감이 적은 경우 혹은 어떤 이유로든 떠나온 사회와 문화에 대한 적대감이 큰 경우 등에서 볼 수 있다.

마지막으로 옛 문화에도 새 문화에도 관심과 열정이 적은 부류가 소외적 태도이다. 이 부류에 속한 이들은 양 문화 어디에도 소속감을 갖지 못한다. 중요한 점은 처음 이민할 때부터 소외적 태도를 가진 이들은 아주 드물다는 사실이다. 소외적 태도는 이민 생활을 하는 가운데 형성될 가능성이 높다. 예를 들어 미국에서 30년 이민 생활을 한 한인 이민자가 있다고 가정해 보자. 처음에는 미국문화에 많은 관심을 갖고 영어를 배우며 주류 사회에 뿌리내리기 위해 최선을 다하지만, 시간이 흐르면서 영어의 부담감은 커져만 가고 타민족, 타 인종 사람들과의 교제에 큰 피로감을 느끼면서 자연스럽게 한인 공동체에서만 생활하는 자신의 모습을 발견하게 된다. 나이가 들면서 주류 사회에 대한 관심은 더욱 식어가고, 미국에서 살지만 미국에서 살지 않는 아이러니한 현실 가운데 미국 사회와 동떨어진 섬으로 존재한다. 한편 가끔씩 한국에 방문하지만 자신이 떠나온 30년 전과 너무나도 다른 한국 사회, 한국인들의 문화와

라이프 스타일에도 적응하지 못한다. 여전히 한국 문화와 언어가 편하지만, 어느 순간 검은 머리 외국인이 되어버려 한국에서도 설 자리가 없다는 것을 느끼게 된다. 이렇게 떠나온 사회와 살고 있는 사회 모두에서 주변으로 밀려 버린 이들이 소외적 태도를 가지고 살게 되는 경우가 많다.

베리는 이상의 네 가지 카테고리를 제시했지만, 이 네 가지 태도는 큰 범주이고, 각 태도는 다양한 서브 범주들로 확장될 수 있다. 같은 통합적 태도라고 하더라도 양 문화에 대한 각 개인의 생각, 경험, 상황 등에 따라 다양한 색깔이 나타날 수 있다. 예를 들어 양 문화 모두에 열려있다 하더라도, 어떤 이들은 상대적으로 전통문화에 좀 더 무게를 둘 수 있고 또 어떤 이들은 새로운 문화 수용에 좀 더 관심을 가질 수 있다. 이러한 스펙트럼은 매우 넓게 나타날 수 있다. 따라서 이 네 가지 태도를 개인차에 대한 고려 없이 무조건적으로 적용하는 것은 위험하다. 더 나아가 상황 변화에 따라 양 문화에 대한 태도가 바뀔 수도 있다. 소외적 태도를 가졌던 사람이 어떤 이유들로 인해 통합적 태도, 분리적 태도 혹은 동화적 태도로 변화될 가능성도 늘 열려 있다.

베리의 문화화 모델은 한 사람의 문화는 평생 정체되어 있는 것이 아니라 상황에 따라 계속해서 변화되어 가는 것임을 드러낸다. 이때 변화의 양상은 문화에 대한 각 사람의 태도에 따라 달라진다는 것도 잘 보여준다. 흥미로운 점은 이민 국가에서 이민자들만이 문화의 변화 과정을 겪는 것이 아니라 주류 구성원들의 문화도 변화한다는 점이다. 다양한 민족이 유입되면서 다채로운 문화, 음식, 종교, 언어 등이 주류 사회에 크고 작은 영향을 미치게 되고, 이는 주류 구성원들의 문화 변화를 촉발시킨다. 문화지능(Cultural Intelligence)이 높은 이들은 그렇지 않은 이들보다 타 문화를 이해하고 수용하는 정도가 높을 것이며, 건강한 다문화 사회를 만들어 갈 수 있다. 하지만 주류 문화에 집착하고 타 문화들을 경시한다면 여전히 주류 문화 중심적 삶을 살아가며 소수 민족들을 차별할 가능성도 높다. 이런 의미에서 이민자들뿐만 아니라 주류 구성원들도 타 문화를 열린 마음으로 배우면서 문화지능(Cultural Intelligence) 지수를 높일 수 있는 교육과 훈련을 받을 필요가 있다. 모두가 잘 살 수 있는 다문화 사회는 주류와 비주류가 함께 만들어야 하기 때문이다.

## 3. 한인 이민자들의 적응과 정착: 1세와 2세

「2023 재외동포현황」에 따르면, 2023년을 기준으로 전 세계 181개국에 708만 명이 넘는 한인 디아스포라가 흩어져 살고 있다.[4]

---

4 재외동포청이 2023년에 발표한 「2023 재외동포현황」은 2023년 기준, 한인 디아스

이들 한인 디아스포라의 이주는 크게 대한민국 정부 수립 전과 후로 나눌 수 있다. 프롤로그에서도 언급했듯이 이 책에서는 대한민국 정부 수립 이후에 영미권 국가들(미국, 캐나다, 호주, 뉴질랜드 등)로 이주한 이민자들의 적응과 정착에 초점을 맞추고 있다. 260만 명 이상의 한인 이민자들이 살고 있는 미국은 현재 한인 디아스포라가 가장 많이 살고 있는 나라이며, 캐나다까지 포함한 북미 지역에 한인 디아스포라의 40.43퍼센트가 거주하고 있다. 호주와 뉴질랜드가 있는 남태평양 지역의 한인 이민자의 수도 가파른 상승세를 보이고 있다. 지난 60여 년간의 이민 동향과 앞으로의 추세를 고려하면, 이 영미권 국가들에 거주하는 한인 디아스포라의 인구수는 계속해서 증가할 것이다.

영미권 이민 국가라 하더라도 각 국가의 사회, 문화, 정치, 경제 등의 차이로 인해 이민자의 적응 과정은 천차만별일 수 있다. 심지어 같은 국가라 하더라도 이민 온 시기나 거주하는 도시, 각 이민자의 상황과 형편에 따라 전혀 다른 이민 경험을 할 수도 있다. 그러므로 섣부른 일반화나 획일화는 지양해야 한다. 그럼에도 불구하고 이

---

포라의 인구를 708만 명(7,081,510명)으로 집계하고 있다. 이 중에서 외국국적동포(시민권자)는 약 460만여 명, 재외국민은 약 246만여 명이다. 그러나 2021년에 발표한 자료에 의하면, 한인 디아스포라의 인구는 732만 명(7,325,143명)이었다. 즉, 2년 사이 약 3.33퍼센트 감소하였다. 참조. 재외동포청 재외동포정책과, 「2023 재외동포현황」(서울: 마스타상사, 2023); 재외동포청 재외동포정책과, 「2021 재외동포현황」(서울: 한국장애인단체총 연합회 인쇄사업소, 2021).

장에서는 한인 이민자들에게서 공통적으로 찾아볼 수 있는 특징들에 대해서 살펴보고자 한다.

### 1) 한인 1세 이민자

한인 1세 이민자도 다른 여느 이민자들처럼 단절, 주변화, 집단화를 경험하면서 새로운 땅에 적응하고 정착한다. 새로운 땅에 정착하는 것은 옛 문화와 새 문화의 경계에서 자신만의 새로운 문화를 만들어 가는 문화화의 여정이다. 그러나 단일 문화권에서 살아온 한인 1세 이민자들은 다른 민족의 이민자들보다 더욱 수구적이라는 특징을 지닌다. 하여 거주 연한에 상관없이 한국의 전통, 문화, 가치에 강한 애착을 갖는 사람들이 많다. 예를 들어 효, 예의범절, 부모의 권위, 가족 중심 사고방식, 장유유서, 남성중심주의 등과 같은 가치들이 뿌리 깊다. 그렇기에 이민 교회와 같은 한인 공동체에 대한 소속감과 애착이 강하며, 이는 주류 사회에 대한 무관심, 거리 두기 혹은 게토화로 이어질 가능성이 많다. 물론 주류 사회의 문화와 가치도 받아들이지만, 이는 한국적 관점에서의 선별적인 수용인 경우가 많다. 한편 한국 문화와 가치에 대한 애착과 한인 공동체에 대한 강한 소속감은 이들에게 소수 민족으로서 겪는 차별과 소외에 대한 안전지대를 제공한다. 최근에는 전통문화 보존보다는 주류 사회의 새로운 문화를 수용하는 데 초점을 맞추고 있는 젊은 세대 한인 이민자들을 많이 만날 수 있다. 하지만 일반적으로 한국의 전통문화와 가치에 대한 애착은 여전히 강한 편이다. 이러한 한인들의 단일 문화 중심의 사고는 현저히 낮은 문화적 지능과 연관된다. 타 문화를 이해하고 존중하며 포용할 줄 아는 능력인 문화지능 지수가 낮은 이들은 타 인종, 타민족, 타 문화에 대해 편견을 갖고 배척하거나 차별할 가능성이 높다. 오늘날과 같은 다문화 이민 국가 콘텍스트에서 문화적 지능은 건강한 이민 생활을 하는 데 필수적이기에, 낮은 문화지능 지수와 타 문화에 대한 배타성은 주류 사회에 적응하고 정착하는 데 적지 않은 부정적 영향을 미친다.

또한 언어 장벽이나 상이한 자격증 제도 등의 이유로 인해 자신들의 전문 직종에서 직업을 얻지 못하는 사회적/직업적 하향화를 경험하는 한인 이민자들이 많다는 것도 주목할 만한 현상이다.[5] 자신의 전문 기술이나 경력을 인정받지 못하면, 새로운 땅에서 직장을 구하고 적응하는 데 큰 어려움을 겪을 수밖에 없다. 그 결과 많은 고학력 이민자들이 자신의 전문 분야를 살리지 못하고 블루칼라 업종에서 일하는 경우들이 많다. 그러나 영미권 국가들에서는 블루칼라 업종이 경제적으로 더 많은 보상을 얻을 수 있는 경우들이

---

5 Sheena Choi, M. Elizabeth Cranley, and Joe D. Nichols, "Coming to America and becoming American: Narration of Korean immigrant young men," *International Education Journal* 2, no. 5(2001), 48.

많기 때문에, 직업 하향화가 반드시 경제적 궁핍함을 의미하지는 않는다. 하지만 경제적 상황과 상관 없이 자신이 현재 하는 일에 만족하지 않거나 한국의 다른 친구들과 자신을 비교하면서 상대적인 박탈감을 느낄 수 있다. 현재에 대한 불만족과 상대적인 박탈감 이면에는 결국 인정받지 못하고 있다는 욕구 불만족이 자리한다. 인정받고 싶은 욕구는 인간의 기본 욕구 중의 하나이기에, 주류 사회에서 인정받지 못하는 한인 이민자들은 한인 커뮤니티에 눈을 돌리고, 그곳에서 인정받고 싶어 한다. 때로는 이런 욕구들이 상충되어 공동체 내에 심한 갈등과 분열을 일으키기도 한다. 대표적인 것이 한인 이민 교회들의 잦은 분쟁이다. 전성표와 고든 암스트롱은 헤게모니 싸움(권력 투쟁)을 한인 이민 교회의 다툼과 분열의 주된 요인으로 진단한다. 그들은 이민 생활에 만족하지 못하는 이들일수록 교회 내에서의 헤게모니에 더 집착하는 경향이 많다고 말한다. 그리고 이런 이들이 많을수록 교회 정치는 각 세력 간의 알력과 다툼의 장으로 전락된다고 분석한다. 전성표와 암스트롱의 연구는 주류 사회에 뿌리내리지 못하는 한인 이민자들의 삶의 범위가 얼마나 협소한지를 잘 보여준다.[6]

자녀들에 대한 애착과 기대가 강한 것도 한인 이민자들의 주요

---

6 Sung Pyo Jun and Gordon M. Armstrong, "Status Inconsistency and Striving for Power in a Church: Is Church a Refuge or a Stepping-stone?" *Korea Journal of Population and Development* 26, no. 1(July 1997): 103-129.

특징 가운데 하나다. 특히 자녀들의 학업 성적과 주류 사회에서의 성공에 큰 기대를 가진다. 이는 자녀 교육열이 강한 한민족의 특성이기도 하고, 자녀들에게 더 좋은 교육 환경을 제공하기 위해 이민을 결심한 교육 이민자들이 많은 것과도 연관된다. 영미권 이민의 경우 초창기에는 한국보다 더 좋은 일자리를 찾기 위해 이민 온 경제 이민자들이 대부분이었지만, 최근 20년 정도의 추세는 자녀들의 교육을 위해 좋은 직장까지 포기하고 이민 온 교육 이민자들이 폭발적으로 늘어나고 있다. 이런 경우는 더더욱 자녀의 성적과 성공에 더 집착할 가능성이 높다. 자녀를 서포트하기 위해 부모의 커리어를 포기하면서까지 희생했기에 자녀의 성공에 더 큰 가치를 둘 수 있기 때문이다. 문제는 자녀의 성적과 부모의 기대가 부합하지 않을 때이다. 부모는 실망할 것이고, 자녀는 부모의 기대에 충족하지 못하는 것에 대해 죄책감을 느낄 수 있다. 또한 부모가 원하는 진로와 자녀가 원하는 진로가 상충될 때도 있다. 이러한 경우 자칫 잘못하면 부모와 자녀 간에 큰 갈등이 생겨 부모-자식 관계에 금이 갈 수도 있다. 부모의 한국적 집단주의 사고와 자녀의 서구적 개인주의 사고가 부딪힐 수 있기 때문이다. 사실 부모와 자녀 간의 다른 가치와 세계관으로 인한 다툼과 갈등은 교육 이민이든, 경제 이민이든 상관없이 대부분의 이민자 가정에서 찾아볼 수 있다. 그러나 서로 이해하지 못하고 강 대 강 대치로 가게 되면, 부모, 자녀의 삶 모두에 부정적인 영향을 미칠 수밖에 없다. 특히 주류 사회와도 단절되고 고국 사회와도 멀어진 이민 1세가 자녀와도 단절된다면, 이민 생활의 의미 자체를 잃게 될 수 있다. 이처럼 가정 내의 관계와 소통의 정도 또한 이민 생활의 적응과 정착 과정에 큰 영향을 미친다.

## 2) 한인 2세 이민자

한인 2세 이민자[7]의 적응과 정착 과정은 매우 흥미롭다. 그들은 자신이 원해서 타국에서 태어났거나 어린 나이에 이민 온 것이 아니다. 자신의 부모에 의해 이민자 2세의 삶을 살게 되었다. 이민 1세는 고국을 떠나 새로운 땅에 거주하기 시작하면서부터 이민자 정체성을 가지게 되지만, 이민 2세의 이민자 정체성은 다르게 형성이 된다. 유치원, 초등학교 교육을 받으면서 이민 2세는 쉽게 주류 문화와 언어를 습득하게 되고, 자신을 자기 친구들처럼 미국인으

---

7 학자마다 이민 2세에 대한 정의가 다를 수 있다. 필자가 정의하는 2세는 다음과 같다: "2세는 이민 간 땅에서 태어났거나 취학 전에 이민 온 사람으로 주류 사회 언어를 모국어로 사용하는 이들이다. 동시에 이들의 양 부모는 이민 1세이다." 1.5세란 한국에서 초등학교 교육을 받고 한국어를 사고하고 추론하는 주 언어로 사용할 수 있는 이들이다. 반면 부모 중의 한 명은 1세이고 또 다른 한 명은 2세라면, 그 자녀는 2.5세로 정의할 수 있다. 부모 모두가 2세라면, 그 자녀는 3세가 된다. 한 사람의 성장 과정에서 부모의 역할이 절대적인 것을 고려하면, 2세, 2.5세, 3세는 비슷해 보이지만 서로 상이한 성장 경험을 겪을 수 있다. 참조. 박종수, 『디아스포라 다음세대를 위한 기독교교육과정: 디지털 세대에 적합한 참여적 신앙교육』 (서울: 동연, 2017), 199-252.

로, 캐나다인으로, 호주인으로 생각하며 자라는 경우가 많다. 그러다가 점차적으로 자신의 가정의 문화와 가치 그리고 부모의 양육방식과 태도를 친구들의 상황과 비교하며 주류 문화 시각으로 가정문화를 평가하는 경향을 보인다. 그러나 빠르면 초등학교 고학년부터, 보통 중학교 이후부터 자신의 피부색이 주류와 다르다는 것을 인식하게 되고 점차적으로 자신의 비백인성이 차별과 편견의 이유가 되는 크고 작은 경험들을 하게 된다. 인종적 차이로 인해 온전히 주류 사회에 수용되지 못하는 경험들은 이민 2세 아이들에게 큰 충격과 혼돈을 야기한다. 이러한 충격과 혼돈은 자신의 인종과 민족에 대한 탐구로 이어지는데, 이를 '인종성/민족성의 재발견'(Rediscovery of Race/Ethnicity)이라 부른다. 이때부터 자신이 이민자라는 것을 인식하게 되고, 이민자 2세로서 어떤 삶을 살아갈 것인가를 심도 있게 고민하게 된다. 물론 이러한 과정은 이민 2세들이 마주하는 상황과 변수에 따라 모두 제각각이다. 그들이 사는 곳이 백인 중심 지역이냐 그렇지 않느냐, 도시냐 시골이냐, 한인들이 많으냐 그렇지 않느냐, 백인 중심 학교를 다니느냐 다문화 학교를 다니느냐, 한국 문화와 언어에 익숙하냐 그렇지 않느냐 등에 따라 전혀 다른 여정을 걸을 수 있다. 또한 사회적 분위기, 시대적 상황, 가정의 문화 등도 큰 영향을 미친다. 그러나 미국, 캐나다, 호주, 뉴질랜드 등 영미권 이민 국가들 대부분이 인종적으로 계층화된 사회임을 감안하면, 비백인 소수 민족인 한인 2세들은 크고 작은 인종적 편견이나 불평등을 경험할 가능성이 아주 높다.

그렇기에 이민 1세와는 결이 다르지만, 이민 2세도 이민자로서 적응하고 정착하는 과정에서 단절, 주변화, 집단화를 경험하게 된다. 단절은 인종적 차이로 인해 주류 사회로부터 느끼는 단절이 있고, 이민 2세로서 부모의 고국으로부터 느끼는 이질감이 있다. 이런 단절은 주변인의 경험을 만들어 내는데, 즉 양쪽 어디에도 속하지 못한 채 경계선상에 서 있는 상태이다. 이때 이민 2세도 자신과 말이 통하고 성장 배경이 비슷한 사람들을 찾게 되는데, 바로 동료 한인 이민 2세나 같은 아시아계 이민 2세들이 그들이다. 그 결과 마음이 통하는 이들과 어울리려는 집단화 현상이 나타나는데, 중학교 이후부터 아이들의 친구 그룹이 백인에서 같은 아시아계 이민자로 바뀌는 것이 대표적인 예다.[8] 한국계나 아시아계 이민 2세들은 여러 가지로 비슷한 성장 스토리를 가지고 있기 때문에 마음이 통하고 말이 통한다. 이를 마음의 언어(Heart Language) 그룹이라고 할 수 있다. 이러한 이민 2세들이 겪는 단절, 주변화, 집단화도 각각의 상황과 처지에 따라 천차만별이기 때문에 쉽게 일반화해서는 안 된다. 그러나 분명한 것은 이민 2세는 이러한 과정들을 제각각 거치면서 자신만의 문화를 창조하는 문화화의 작업들을 하고 있다는 사실이다. 자신이 태어나고 자란 주류 문화와 부모로부

---

8 박종수, 『디아스포라 다음세대를 위한 기독교교육과정』, 236-243.

터 물려받고 배운 한국 문화 사이에서 자기 자신만의 독특한 문화를 창조하는 것이 이민 2세의 적응과 정착의 과정이다.

　이러한 이민 2세의 문화화의 과정에서 가장 중요한 요소 중의 하나가 민족 정체성의 확립이다. 민족 정체성이란 민족 공동체에 대한 소속감을 말한다. 즉, 한민족 공동체에 대한 소속감과 한국 문화에 대한 애정이 있을 때 민족 정체성을 가졌다고 할 수 있다. 민족 정체성의 유무가 이민 2세의 문화화에 중요한 이유는 민족 공동체에 대한 소속감과 애착이 있을 때, 보다 균형 잡힌 문화화 과정을 거칠 수 있기 때문이다. 주류 사회에 태어났거나 아주 어릴 때 이민 와서 자라온 이민 2세는 주류 사회의 문화와 언어에 훨씬 익숙할 수밖에 없다. 만약 민족 정체성이 없거나 약하다면, 상대적으로 한쪽으로 치우친 문화화 과정을 밟을 가능성이 많고, 이는 양 문화 모두를 아우를 수 있는 이민 2세의 잠재력을 약화시키는 결과를 초래한다. 반대로 의미 있는 민족 정체성을 가지게 될 때, 자신의 원 문화라 할 수 있는 주류 문화와 균형 있는 통합 과정을 거치면서 이민 2세만이 창조할 수 있는 독특한 문화를 만들어 갈 수 있다. 더 나아가 자신의 문화적 뿌리에 대한 애정과 자부심은 인종적 차이로 인해 크고 작은 불평등과 편견을 경험할 때, 자신을 보호하고 불공정한 상황에 매몰되지 않도록 돕는 버팀목의 역할 또한 감당한다. 그런데 중요한 것은 민족 정체성은 강요하거나 주입한다고 생기는 것이 아니라는 사실이다. 민족 정체성은 민족 공동체와 문화에 대한 소속감이요 애정이기에, 그런 소속감과 애정을 키울 수 있는 기회들을 제공하는 것이 필요하다. 민족 정체성을 비롯한 이민자의 정체성 형성은 3장에서 자세하게 살펴보자.

# 반추와 토론을 위한 질문

1) 오늘날 많은 이민 국가가 다문화사회이고 '다문화주의Multiculturalism' 를 주요 사회정책으로 표방하며 사회의 화합을 추구한다. 다문화주의 에 대한 나의 경험과 생각들을 반추해 보자. 다문화주의의 허와 실은 무엇인가? 기독교인으로서 다문화주의가 가져오는 도전과 통찰은 무 엇인가?

2) 존 베리는 자신의 '문화화' 이론에서 이민자들의 문화화 과정에 대한 네 가지 태도를 제시하였다. 즉, 옛 문화와 새 문화 모두를 수용하고 통합하려는 '통합적 태도', 옛 문화를 중시하고 새 문화에는 거리감을 두는 '분리적 태도', 옛 문화는 버리고 새 문화를 적극적으로 받아들이 는 '동화적 태도', 옛 문화와 새 문화 모두에 만족하지 못하는 '소외적' 태도이다. 나는 옛 문화와 새 문화 사이에서 어떤 태도를 가지고 있는 가? 지금 가지고 있는 태도는 이민 초장기때와 비교하여 어떤 변화가 있는가?

3) 타문화를 이해하고 수용하는 지능을 우리는 문화지능Cultural Intelligence이라고 부른다. 나의 문화지능 지수를 곰곰이 생각해 보 자. 1(문화지능 매우 낮음)부터 7(문화지능 매우 높음)까지 나의 문화 지능 지수를 숫자로 표시한다면 몇인가? 그 이유는 무엇인가? 문화지 능 지수는 왜 중요하며, 어떻게 높일 수 있을까?

4) 나는 이민 1세로서 직업적 하향화, 상대적 박탈감, 주류사회의 차별과 편견, 이민 생활에 대한 회의 혹은 분노 등을 경험한 적이 있는가? 새 땅에서의 적응과 정착 과정에서 나에게 힘이 되어 주었던 것은 무엇이며, 나를 힘들게 한 것은 무엇인가? (* 나는 이민 1.5세, 2세, 3세로 서양 문화 사이에서의 정체성 혼란, 부모 세대와의 갈등, 주류 사회의 차별과 편견, 민족성 재발견 등의 경험을 한 적이 있는가? 내가 원해서 이민 온 것도, 주류 사회에 태어난 것도 아닌데, 이민자 자녀로서 사는 것이 나의 정체성과 삶에 어떤 영향을 미쳐왔는가?)

5) 다니엘서 1장을 읽고, 다니엘의 갑작스런 바벨론으로의 이주 그리고 그곳에서의 적응과 정착에 대해 묵상해 보자. 다니엘의 적응과 정착이 우리에게 주는 통찰과 함의는 무엇인가?

3장

# 이민자와 정체성

존 베리는 문화를 대하는 다양한 태도는 한 사람의 정체성과 직결된다고 보고 통합적 태도, 분리적 태도, 동화적 태도, 소외적 태도, 이상 네 가지 범주를 네 가지 정체성 유형으로 발전시킨다. 즉, 전통문화와 새 문화 모두를 수용하려는 통합적 태도는 곧 통합 정체성, 전통문화만을 고집하고 새로운 문화에는 관심이 덜한 분리적 태도는 민족 정체성, 전통문화 고수보다 새로운 문화 적응에 초점이 있는 동화적 태도는 국가 정체성, 마지막으로 양 문화 모두를 거부하는 소외적 태도는 무 정체성이다. 정체성에 관한 이러한 범주 역시 개인차에 따라 더 다양한 하위 범주로 나누어질 수 있다. 분명한 것은 어떤 정체성을 가지느냐에 따라 이민자의 삶의 방향과 질은 큰 영향을 받는다는 사실이다. 정체성은 다양한 환경과 문화적 요소들이 변증법적으로 씨름하면서 생성된 한 개인의 신념이요, 세계관이며, 내면적 가치이기 때문이다. 정체성은 삶을 영위하는 데 없어서는 안 될 힘이며, 자신의 삶이 위협받을 때 저항하며 싸울 수 있는 내면의 에너지이다.[1] 문화에 대한 태도가 계속해서 변하듯이, 이민자의 정체성도 계속해서 변화한다. 정체성은 개인의 다양한 문화적 상황 속에서 치열하게 만들어지고, 확립된 정체성도 삶의 정황에 따라 계속해서 변화되며 재창조된다.[2]

## 1. 개인 정체성

에릭 에릭슨(Erik Erikson)은 정체성을 '안정적인 자아의식'이라고 정의하였다.[3] 자아의식은 "나는 누구인가?"에 대한 인식이다. 모든 사람은 자아의식을 가지고 있지만, 어떤 이들은 보다 분명하게, 또 다른 이들은 희미하게 자기 자신을 이해한다. 어떤 이들은 시간이나 상황이 바뀌어도 자기 인식이 안정적이지만, 다른 이들은 계속해서 바뀌는 자기 이해로 인해 혼란스러워하기도 한다. 어떤

1 John Tomlinson, "Globalization and Cultural Identity," In *The Global Trans-formations Reader: An Introduction to the Globalization Debate*, edited by David Held and Anthony McGrew (Malden, MA: Blackwell Publishing, 2003), 269–277.

2 S. Steve Kang, *Unveiling the Socioculturally Constructed Multivoiced Self*, 30.

3 여기에서 소개하는 에릭 에릭슨(Erik Erikson)의 정체성에 대한 정의와 참 정체성이 갖는 특징들에 대한 언급은 다음 책을 참조한 것이다. Erik H. Erikson, *Identity: Youth and Crisis* (New York: Norton, 1968).

이들은 참 정체성을 가지고 자기 자신을 정확하게 인식하지만, 어떤 이들은 가짜 정체성을 가지고 진짜라고 믿고 살아간다. 이처럼 모든 사람이 참 정체성을 가지고 있는 것은 아니다. 에릭슨은 참 정체성의 특징들로 안정성, 통합성, 진실성을 언급한다.

먼저 '안정성'이란 시간, 장소, 상황 등이 바뀌어도 자신에 대한 인식이 안정적으로 유지되는 것을 의미한다. 에릭슨은 정체성을 '안정적인 자아 인식'이라고 정의할 정도로 정체성에서 안정성을 매우 중시하였다. 그가 말하는 안정성이란 동일성과 계속성이다. 하여 그는 정체성을 동일성과 계속성에 대한 주관적인 감정이라고 표현하였다. 반면 확립되지 않은 정체성, 즉 가짜 정체성은 시간, 장소, 상황 등에 따라 계속해서 바뀌는 자아 인식이다. 두 번째로 건강한 정체성에는 '통합성'이 있다. 사람은 살면서 다양한 자아 인식을 가지게 된다. 예를 들어 집에서는 엄마요 아내이고, 학교에 서는 선생님이고, 교회에서는 집사님인 한 여성은 이러한 다양한 역할에 의해 자기 자신을 이해하게 된다. 이러한 다양한 역할은 가치관의 상충이라는 문제를 야기할 수 있다. 그리스도인으로서 갖는 가치들과 공립학교의 교사로서 갖는 가치들은 다를 수 있고, 서로 다른 가치들이 상충될 때는 정체성의 혼란이라는 또 다른 문제에 봉착하게 된다. 따라서 안정적으로 확립된 정체성에는 서로 다른 가치들, 자기 인식들이 건강하게 통합되어 있다. 통합적 정체 성은 서로 다른 가치들을 이분법적으로 나누고 흑백논리식으로 선택하려 하지 않고, 정반합의 변증법적 접근으로 통합하며 새로운 가치들을 만들어 낸다. 이러한 통합의 능력이 있어야 안정적인 정체성을 확립할 수 있다. 오늘날과 같이 수많은 가치가 공존하는 시대에서, 그것도 다민족, 다종교, 다문화 사회인 이민 국가에서의 정체성 형성 과정에서는 이러한 통합적 능력이 더욱 중요해졌다. 특히 한국인처럼 단일 문화 사회에서 나고 자란 사람들의 경우에 다문화 환경에 노출된 경험이 적은 데다, 거기에 더해 서로 상충하는 가치들을 통합해내는 능력 또한 부족하다면, 낯선 환경에서 형성해야 할 새로운 정체성 확립에 큰 어려움을 겪을 수도 있다. 더 나아가 자신들의 자녀들에게도 양자택일식의 정체성을 강요할 수 있고, 이로 인해 자녀들도 정체성 혼란을 겪을 가능성이 높다. 마지막으로 건강한 정체성에는 '진실성'이 있다. 진실성이란 자신의 자아 인식에 대한 확신이다. 자기 정체성에 확신이 있고 그 안에 진실성이 있다면, 외부의 문제 제기나 도전 등에도 흔들리지 않고 자기의 색을 지켜나갈 수 있다. 반면 나의 정체성에 확신이 없다면, 타자의 말이나 상황의 변화 등에 따라 쉽게 흔들릴 수밖에 없다. 가짜 정체성은 확립된 것 같지만 내 것이 아니기 때문에 언제든지 뿌리 뽑힐 수 있다는 점에서, 진실성은 건강한 정체성에 중요한 또 하나의 요소이다.

안정성, 통합성, 진실성을 담고 있는 정체성은 건강한 삶을 살아가는 데 있어서 필수 불가결한 것이다. 내가 누구인지를 잘 아는 사람이 삶의 큰 변화 가운데서도 자신의 안정성을 지킬 수 있고, 그 가운데 새로운 것들을 수용하고 옛것과 새것의 변증법적 통합을 이루어 낼 수 있기에 정체성 혼란의 늪에 빠질 위험이 적다. 내가 생각했던 나의 모습이 실제 내가 아님을 발견한다면, 그때의 후폭풍은 걷잡을 수 없다. 그 괴리가 심하면 심할수록 자기 파편화를 경험하게 되고, 진정한 자아 인식을 회복하는 데 오랜 시간이 걸릴 수 있다. 따라서 어렸을 때부터 건강한 정체성을 형성하는 법을 배우고 진실되게 자기 자신을 볼 수 있는 능력을 키우는 것이 중요하다. 에릭슨은 청소년기부터 정체성의 고민이 시작되고 자아 인식을 형성할 수 있다고 보았다.[4] 중요한 것은 정체성의 고민과 형성이 청소년기에 시작되는 것이지, 이때 완결되는 것이 아니라는 사실이다. 사람은 죽을 때까지 자아 인식에 대해 고민하고 끊임없이 건강한 정체성을 형성하려고 노력한다. 이민, 이직, 이별 등과 같은 큰 변화 앞에서는 큰 폭의 정체성의 변화가 일어날 수 있다. 에릭슨은 청소년기를 거치면서 이전의 삶과 이후의 삶에 대해 고민하며 자기 자신이 누구인지를 안정적으로 인식하지 못하면, 이 과제가 대학 생활 혹은 대학 졸업 후 사회생활로 연장되어 여러 과업이 뒤섞이는 문제에 직면하게 된다고 주장한다. 감당해야 할 과업을 이루지

---

4 Jean S. Phinney, "Ethnic Identity: Developmental and Contextual Perspectives," Paper presented at The Notre Dame Conference on Culture and Diversity (ND-CCD), South Band, IN, USA (October 31-November 1, 2004), 3.

못하고 여전히 그 전 단계에 머물러 있는 것이 고착이다. 첫 단추를 제대로 끼우지 않으면 그다음 단추도 잘못 끼우는 것과 같은 이치다. 제임스 마르시아(James Marcia)는 에릭슨의 정체성 이론을 좀 더 구체화시킨 학자다.5 마르시아는 한 개인의 정체성은 네 단계를 통해 확립하는데, 이를 무 정체성(Identity Diffusion), 가짜 정체성(Identity Foreclosure), 정체성 혼란(Moratorium), 정체성 확립(Identity Achievement)으로 명명하였다.6 이때 네 가지 정체성 형성 단계는

---

5 제임스 마르시아(James Marcia)의 정체성 이론은 이를 잘 소개하고 있는 다음 논문을 참조하였다. Jean S. Phinney and Anthony D. Ong, "Conceptualization and Measurement of Ethnic Identity: Current Status and Future Directions," *Journal of Counseling Psychology* 54, no. 3(2007): 271-274.

6 이 네 단계에 대한 마르시아의 원 표현은 다음과 같다: Identity Diffusion, Identity Foreclosure, Moratorium, Identity Achievement. 그런데 일부 한국 번역을 보면 이를 정체성 혼미, 정체성 상실, 정체성 유예, 정체성 확립으로 번역한 것을 볼 수 있는데, '정체성 확립'만 빼고 나머지 세 단계에 대한 해석은 마르시아의 원뜻을 제대로 표현하지 못하는 번역이라고 생각한다. Identity Diffusion은 아직 정체성에 대한 관심도 없고 이해도 없는 상태이기에 '정체성 혼미'라기보다는 '무 정체성'으로 번역하는 것이 보다 정확하다. Identity Foreclosure는 부모나 영향력 있는 이의 정체성을 내 것인 양 착각한 상황, 즉 '가짜 정체성'을 가진 상태인데, 이를 '정체성 상실'이라고 번역해버리면 마치 있던 것을 상실한 것으로 오해할 수 있다. Moratorium은 내가 누구인지에 대한 치열한 고민과 탐색의 과정이기에 '망설이며 질질 끈다'는 인상을 주는 '유예'라는 말보다는 복잡한 상황에서 아직 갈피를 못 잡는 상태인 '혼란'이라는 단어를 쓰는 것이 더욱 적절해 보인다. 이는 Moratorium이라는 단어를 사전적으로 직역했기 때문에 생긴 것인데, 이 단어의 사전적 의미는 심리학적인 관점보다 법적인 관점에 기반하고 있다. 마르시아가 에릭슨이 사용한 Moratorium의 의미를 그대로 계승하고 있다는 점을 고려한다면 이 부분은 보다 쉽게 이해할 수 있다.

탐색과 헌신이라는 두 행위의 유무에 따라 나눠진다. 먼저 '무 정체성' 단계는 정체성이 없는 상태다. 이 시기는 자기 정체성에 대한 탐색도, 헌신도 없다. 자기의식에 대한 명확한 이해와 자기 판단이 없거나 부족한 상태다. '가짜 정체성' 단계는 정체성은 있으나 자기 것이 아닌 시기인데, 이를 자세히 들여다보면 자기 정체성에 대한 탐색은 없고 헌신만 있는 상태다. 부모의 정체성이나 자신이 신뢰하는 사람의 정체성을 자신의 정체성으로 착각하는 경우가 이에 해당된다. 이런 경우는 정체성이 있다고 생각하지만 실상은 자신의 것이 아니기 때문에 가짜 정체성이고, 상황에 따라 유동적으로 바뀔 수 있다. 뿌리가 없기 때문에 이리저리 부유할 수밖에 없는 것이다. '정체성 혼란'은 자신의 정체성이 무엇인지 고민하고 탐색하는 시기다. 이는 에릭슨이 말했던 모라토리움의 시간이다. 이 시기는 자신의 정체성에 대한 치열한 탐색이 있지만, 아직 헌신하지 못하는 단계다. 혼돈의 시간이지만, 자신의 참 정체성을 찾고 확립하기 위해서는 반드시 필요한 시간이다. 마르시아는 에릭슨처럼 정체성 혼란, 곧 모라토리움이 없이는 정체성 확립은 불가능하다고 주장한다. 마지막 단계가 '정체성 확립'이다. 정체성 혼란의 시기를 통해 자신의 정체성을 탐색한 후 참 정체성을 발견했다면, 이에 헌신하는 것이 바로 정체성 확립이다. 이처럼 마르시아에게 탐색과 헌신은 정체성 확립에 필수 불가결한 두 요소이다. 탐색과 헌신, 둘 다 없으면 무 정체성, 탐색은 없고 헌신만 있다면 가짜 정체성,

탐색은 있지만 아직 헌신이 없으면 정체성 혼란, 탐색과 헌신을 통한 자기 인식이 가능할 때 참 정체성이 확립되는 것이다. 마르시아도 에릭슨처럼 정체성 형성은 일회성 사건이 아니라 나이를 먹으면서, 상황의 변화에 따라 계속해서 바뀌는 것이라고 생각했기에, 계속적인 탐색과 헌신의 중요성을 강조했다.

정체성 형성이 평생의 과정이라는 것을 가장 잘 보여주는 부류 중의 하나가 이민자이다. 지금까지 살아왔던 곳과는 전혀 다른 토양, 문화, 기후 그리고 환경에서 새로운 삶을 살아가야 하는 것은 나무를 이식하는 것과 같다. 나무를 이식하기 위해서는 먼저 뿌리째 뽑아 나무를 옮긴 후 새로운 땅에 심어야 한다. 새롭게 뿌리를 내려야 할 땅이 이전 땅과 다르면 다를수록 뿌리를 내리는 과정이 어렵고 오래 걸릴 것이며, 심지어 제대로 뿌리 내리지 못하고 죽을 수도 있다. 이처럼 이민자의 정착 과정은 나무 이식 과정처럼 뿌리째 뽑히는 단절과 모든 것이 낯선 새 땅에 다시 심겨져 뿌리를 내려야 하는 재정착의 시간이다. 정체성의 관점에서 보면, 이는 지금까지 확립해 온 정체성으로는 건강하게 살아갈 수 없다는 의미이며, 기존의 자기 인식을 내려놓고 새로운 자기 인식을 형성해야 한다는 것을 의미한다. 그렇기에 모든 이민자는 크고 작은 정체성 혼돈, 모라토리움의 시기를 거칠 수밖에 없다. 이 과정은 이민 1세냐, 1.5세냐, 2세냐에 따라 달라지며, 같은 1세라도 20대에 이민 왔느냐, 40대에 이민 왔느냐, 60대에 이민 왔느냐에 따라 달라질 수 있다. 더 나아가 한 개인의 교육 수준, 재정 상태, 문화지능, 직업 등의 영향도 간과할 수 없다. 이처럼 다양한 변수들이 존재하기에 이민자의 정체성 형성 과정은 복잡하고 다양한 양상을 보일 수밖에 없다. 이때 소수 민족으로 경험할 수 있는 차별, 소외, 불이익 등과 같은 다양한 주변화 경험들은 이민자들의 현지 적응과 정체성 형성 과정에 엄청난 영향을 미치게 된다. 새로운 땅, 새로운 문화에 뿌리 내리면서 어떠한 정체성을 확립하느냐는 이민자들의 웰빙과도 직결되는 문제다. 그런데 여기서 주목할 것은 확립된 정체성은 하나로 통일된 목소리가 아니라는 사실이다. 이민자의 삶은 보통 다양한 가치와 권위에 노출되어 있고, 심지어 상반되는 충돌과 갈등을 빈번히 경험한다. 이러한 이민자의 복잡한 정체성의 특징을 잘 담고 있는 개념이 '다중가치 자아'(Multivoiced Self)이다. 다중가치 자아는 외부환경과 내면의 변증법적 대화와 몸부림을 통해 다양한 목소리들과 가치들을 비평적으로 내면화한 결과다. 다중적 자아에 대한 통찰은 소수 인종으로서 주류 사회에서 살아가는 이민자들의 삶에 혼재하는 다양한 목소리들, 권위들, 가치들 그리고 이런 다양성이 만들어 내는 복잡성을 이해하는 데 도움이 된다.[7]

흥미로운 점은 새로운 땅에서 태어나고 자란 2세들의 정체성 형성은 한국에서 태어나 새로운 땅으로 이주한 1세 혹은 1.5세들의

---

7 S. Steve Kang, *Unveiling the Socioculturally Constructed Multivoiced Self*, 9-18.

정체성 재정립 과정보다 복잡한 과정을 거치게 된다는 사실이다. 디아스포라 한인 2세들은 대부분 주류 사회에서 소수 민족으로 살아간다. 주류 문화와 한국 문화 사이 어디쯤에서 자기 자신의 정체성을 다듬어 간다. 이때 한인 2세들은 개인 정체성과 민족 정체성을 동시에 정립해야 하는 '이중 정체성 형성'이라는 복잡한 과정을 겪게 된다는 것에 주목할 필요가 있다. 개인 정체성 형성은 에릭슨이 주장하듯이 청소년 시기에 시작되는데, 이때는 초등학교 시절의 생활방식을 버리며 새로운 자기 인식을 추구하는 정체성 탐색 시기를 거치게 된다. 기존의 사고와 삶을 거부하는 혼돈의 기간을 거치면서 새로운 정체성을 형성하게 되는 것이다. 2세들의 개인 정체성 형성은 보통의 청소년들보다 훨씬 복잡한데, 소수 민족으로서 겪는 인종 차별과 문화적 편견 등이 그들의 개인 정체성 형성에 큰 영향을 미치기 때문이다. 부모 세대의 기대와 간섭, 이로 인한 부모와의 갈등 또한 개인 정체성 형성에 큰 영향을 미친다. 이런 과정에서 한국 문화와 가치 그리고 한인 공동체가 자신에게 어떤 의미가 있는지를 결정하게 되는데, 이것이 민족 정체성이다. 건강한 민족 정체성을 가진 2세들은 주류 문화와 한국 문화를 균형 있게 받아들여서 문화 간의 혼란과 갈등을 최소화한다. 이는 개인 정체성에도 긍정적인 영향을 주어서 사회적으로 그리고 심리적으로 건강한 삶을 영위할 수 있다는 연구 결과가 많이 나와 있다.[8] 반면 자신의 인종적/문화적 뿌리를 부정하거나 도외시하여 적절한 민족 정체성을 갖지 못한 2세들은 계속적인 문화 충돌과 정체성의 혼란을 느낄 가능성이 높다. 민족 정체성에 대해서는 아래 집단 정체성 부분에서 자세하게 살펴보자.

## 2. 집단 정체성

이민자의 정체성에서 흥미로운 것은 집단 정체성이 개인 정체성에 큰 영향을 미친다는 점이다. 한국에서 생활할 때는 민족 정체성, 인종 정체성, 문화 정체성 등과 같은 집단 정체성이 크게 부각되지 않는다. 같은 민족, 인종, 문화 속에서 생활하기 때문이다. 그러나

---

8 다양한 연구 결과들에 궁금한 이들은 다음과 같은 논문들을 참조하기 바란다. Nagel, Joane, "Constructing Ethnicity: Creating and Recreating Ethnic Identity and Culture," *Social Problems* 41(1994): 152-176; Phinney, Jean S., Gabriel Horenczyk, Karmela Liebkind, and Paul Vedder, "Ethnic Identity, Immigration, and Well-being: An Interactional Perspective," *Journal of Social Issues* 57, no. 3(2001): 493-510; Kim, Rebecca, "Second-Generation Korean American Evangelicals: Ethnic, Multiethnic, or White Campus Ministries," *Sociology of Religion* 65, no. 1(2004): 19-34; Im, Janice H., "An Ecological Examination of Ego and Ethnic Identity Formation Within Second Generation Korean-Americans," M. S. diss. (Virginia Polytechnic Institute and State University, 1999); Holcomb-McCoy, Cheryl, "Ethnic Identity Development in Early Adolescence: Implications and Recommendations for Middle School Counselors," *Professional School Counseling* 9, no. 2(2005): 120-127.

이민을 오면 한국인은 소수 민족이 되고, 소수 인종이 되며, 소수 문화를 형성하게 되면서 자신의 민족과 문화에 대한 분명한 인식을 가지게 된다. 즉, 민족 정체성, 인종 정체성, 문화 정체성 등의 집단 정체성이 활성화되면서 개인 정체성에 큰 영향을 미치게 된다. 이는 이민 2세들의 정체성 형성 과정에도 그대로 적용된다. 단, 이미 한국에서 민족 정체성이나 문화 정체성이 어느 정도 확립된 1세나 1.5세와는 다르게, 2세들은 주류 사회에서 자라면서 민족 정체성과 같은 집단 정체성을 형성한다는 점, 하여 개인 정체성과 집단 정체성이 서로 영향을 주고받는 이중적 형성 과정을 거친다는 점에서 큰 차이를 보인다.

### 1) 민족 정체성

먼저 집단 정체성 중에서 가장 중요한 민족 정체성을 살펴보자. 단일 민족 사상이 강한 한국 이민자들은 민족 정체성을 중시하고, 다음 세대들에게 한국인의 정체성을 심어주기 위해 노력해 왔다. 이런 현상은 집에서 한국어 구사 비율이 타민족 가정에 비해 높은 점, 한인들의 출석 비율이 높은 한인교회에서 한국어와 한국 문화 교육에 대한 요구가 강한 점 등을 통해 여실히 드러난다. 주목할 만한 사실은 그동안의 한인 이민자들의 민족 정체성에 대한 인식이 혈통 중심적이었다는 데 있다. 한국인의 피가 흐르니 한국인의 정체성을 가져야 한다는 인식이다. 이는 자녀 교육에도 그대로 적용되어 한인 부모들은 자녀들에게 한국인 정체성을 강조·강요해 온 것이 사실이다. 하지만 오늘날 민족 정체성은 더 이상 혈통의 관점에서 이해되지 않는다. 대신 민족 정체성을 자신의 민족에 대한 애정과 소속감으로 이해한다. 즉, 민족 정체성을 가졌다는 것은 민족 공동체에 대한 소속감과 애착이 있다는 것을 의미한다. 그렇기에 이민 2세들이 한국인 정체성을 갖기를 원한다면, 그들이 한인 공동체에 대한 긍정적인 경험을 가질 수 있도록 도와야 한다. 또한 한국어 소통 능력, 한국 문화에 대한 선호도, 주류 사회의 한국에 대한 인식 등도 민족 정체성 형성에 큰 영향을 미친다.

그렇다면 민족 정체성은 어떤 역할을 하는가? 많은 정체성 연구자들은 건강한 민족 정체성을 가진 이들이 그렇지 못한 이들보다 더욱 만족스러운 이민 생활을 한다고 주장한다. 무엇보다 민족 정체성은 주류 사회에서 경험하는 불평등과 편견 같은 부정적인 경험이 심화되지 않도록 막아주는 범퍼와 같은 역할을 하기 때문이다. 인종적으로 계층화된 주류 사회에서 비주류 인종, 소수 민족으로 살아가는 이민자들은 인종 차별과 문화적 편견과 같은 보이지만 보이지 않는 폭력에 시달린다. 이때 긍정적인 민족 정체성을 가지고 있다면, 주류 사회에 속하지 못하는 부정적 경험과 충격을 자신이 속한 민족에 대한 역사의식과 긍정적 기운으로 완화할 수 있다. 더 나아가 다양한 차별과 편견 등에 압도되거나 매몰되지 않고 비평적으로 객관화할 수 있는 공간을 얻게 되며, 이를 통해 여러 폭력과 편견을 창조적으로 승화시킬 가능성들을 높일 수 있다. 이는 건강한 이민 생활을 위해 반드시 필요한 부분이다. 또한 건강한 민족 정체성은 부정적인 경험에도 불구하고 게토화되지 않고 주류 사회 속으로 들어가려고 노력할 수 있는 자존감을 고취시키는 역할을 한다. 조금씩 주류 사회와의 소통의 폭을 넓히고 긍정적인 경험들을 쌓아가면서 주류 사회에 대한 소속감도 형성해 갈 때, 이민자는 정반합 변증법적 과정을 통해 제3의 문화, 새로운 정체성을 창조할 수 있다. 이중언어를 구사할 수 있으면 두 개의 언어가 세상을 바라보는 각각의 창이 되어 세상을 좀 더 통전적으로 볼 수 있도록 돕듯이, 주류 사회에 대한 소속감과 더불어 자신의 민족에 대한 애정을 가지면 세상을 이해하는 데 있어 더 큰 시각과 관점을 가질 수 있다. 이것이야말로 두 문화를 경험하면서 살아가는 이민자들만이 누릴 수 있는 혜택이요 잠재력이라 할 수 있다.

그렇다면 민족 정체성은 어떻게 형성되는가? 이민 1세의 경우는 이미 강한 민족 정체성을 형성한 후 이민 온 경우가 많지만, 이민 2세는 성장하면서 복잡한 민족 정체성 형성 과정을 거친다. 진 피니(Jean Phinney)는 제임스 마르시아의 정체성 이론으로 이민 2세의 민족 정체성 형성 과정을 연구하였다.9 피니도 마르시아처럼

---

9 진 피니(Jean Phinney)는 대표적인 민족 정체성 연구학자로서, 지금까지 많은 연구

탐색과 헌신의 유무로 민족 정체성 형성의 네 단계를 제시한다. 첫째 단계는 민족 정체성에 대한 탐색도 헌신도 없는 시기, 즉 민족 정체성이 형성되지 못한 단계이다. 아직까지 민족 정체성에 대한 애착과 소속감이 없다. 둘째 단계는 민족 정체성에 대한 탐색은 없으나 헌신은 있는 단계이다. 이 시기는 부모나 영향력 있는 지인의 민족 정체성을 자기의 것으로 받아들이지만, 뿌리가 없는 가짜 민족 정체성이다. 자기가 좋아하는 한류 스타로 인해 한국에 대한 소속감을 느낄 수도 있지만, 민족성에 대한 탐색이 결여되어 있기에 좋아하던 스타를 더 이상 팔로우하지 않으면 민족 소속감도 함께 사라질 수 있다. 그렇기에 이때의 헌신은 가짜 헌신이다. 셋째 단계는 민족 정체성에 대한 탐색이 시작되었지만, 아직 헌신하지 못한 단계이다. 피니를 비롯한 많은 학자는 민족성 재발견을 민족 정체성 탐색의 시작으로 본다. 주류 사회에서 태어나 주류 사회의 일원으로 믿고 살다가 자신의 피부색으로 인해 주류 사회로부터 거절감을 느꼈을 때 엄청난 충격과 혼란을 경험하면서 자신의 민족적 뿌리에 관심을 갖게 되는 것이 민족성 재발견이다. 이때부터 치열하게

---

논문을 발표하면서 활발하게 활동해 왔다. 여기에서 소개할 그녀의 이론은 다음과 같은 논문에 기반한다. Phinney, Jean S., and Anthony D. Ong., "Conceptualization and Measurement of Ethnic Identity: Current Status and Future Directions," *Journal of Counseling Psychology* 54, no. 3(2007): 271-281; Phinney, Jean S., "Ethnic Identity in Adolescents and Adults: Review of Research," *Psychological Bulletin* 108, no. 3(1990): 499-514.

이민 2세로서의 자신은 누구인지를 성찰하고 탐색하면서 정체성 혼돈을 경험한다. 마지막 단계가 민족 정체성을 형성하는 시기로서, 민족 정체성에 대한 탐색과 이에 대한 헌신이 발생한다. 자신의 민족성에 대한 깊은 성찰과 탐색을 통해서 민족성에 대한 긍정적이고 의미 있는 인식을 갖게 된다. 그러면서 민족 공동체에 대한 애착과 소속감이 강화된다. 피니의 연구는 마르시아처럼 민족 정체성 형성에 있어서 지속적인 탐색과 헌신이 얼마나 중요한지를 잘 보여준다. 이 연구에서 간과하지 말아야 할 포인트는 인종 차별과 같은 주변화된 경험이 민족 정체성 탐색에 시작점이요 촉매제가 된다는 사실이다.

한편 조지 나이트(George Knight)는 사회인지 모델로 민족 정체성 형성을 설명한 학자다. 나이트는 다섯 가지 사회적 요인들이 개인의 민족 정체성 형성 과정에 큰 영향을 미친다고 주장한다.[10] 첫째 요인은 사회 생태학적인 영향이다. 사회 생태학적인 영향은 한 개인의 삶에 직접적인 영향을 미치는 가까운 관계들의 영향이다.

---

10 이곳에서 진술하는 조지 나이트의 사회인지 모델은 그의 대표적인 논문, Knight, George P., Martha E. Bernal, Camille A. Garza, and Marya K. Cota, "A Social Cognitive Model of the Development of Ethnic Identity and Ethnically Based Behaviours," In *Ethnic Identity: Formation and Transmission among Hispanics and Other Minorities*, edited by Martha Bernal and George Knight, 213-234 (Albany, NY: State University of New York Press, 1993) 에 잘 소개되어 있다.

이는 유리 브론펜브레너(Urie Bronfenbrenner)가 말하는 미시체계, 즉 가족, 친구, 학교, 교회 등을 의미한다.[11] 가족과 부모, 친구 관계, 학교생활, 교회 문화 등이 한 개인의 삶에 미치는 영향은 강력하고 다변적이다. 이렇게 가까운 미시체계의 그룹들이 민족 정체성을 강조하고 민족 정체성의 탐색과 헌신에 긍정적인 영향을 미친다면, 그렇지 않은 경우보다 훨씬 수월하게 민족 정체성을 형성할 수 있다고 나이트는 주장한다. 둘째 요인은 사회화다. 나이트는 한 사람의 변화는 사회화를 통해 일어난다고 본다. 사회화란 다른 이들과의 사회적인 관계를 통해 배우고, 도전받고, 격려받으면서 성장하고 변화한다는 것이다. 이러한 사회화는 직접적인 가르

---

11 유리 브론펜브레너(Urie Bronfenbrenner)는 인간발달의 생태학적 심리 이론으로 유명한 발달심리학자다. 브론펜브레너는 한 아이가 성장할 때 영향을 미치는 요인들을 생태학적으로 구분하여 각각 미시체계, 중간체계, 외체계, 거시체계로 나누어 설명한다. 여기서 미시체계는 가정, 친구, 학교, 교회 등 한 사람의 성장에 직접적인 영향을 미치는 요소들이다. 이러한 미시체계들 간의 관계를 중간체계라 부르며 그 중요성을 상기시킨다. 외체계는 미시체계보다는 친밀도가 약하지만 여전히 큰 영향을 미치는 요인들, 즉 지역사회, 대중매체, 정치, 경제 등이 여기에 해당된다. 거시체계는 미시체계, 중간체계, 외체계 전체를 아우르는 큰 틀인데, 한 사회의 문화적 환경이 거시체계라 할 수 있다. 이상의 네 가지 체계에다가 시간체계를 첨가하여 시대에 따라 각 체계의 특징들이 변할 수 있음을 강조한다. 그의 자세한 이론은 다음 논문들을 참조하라. Urie Bronfenbrenner, "Toward an Experimental Ecology of Human Development," *American Psychologist* 32, no. 7(1977): 513-531; Urie Bronfenbrenner, "Ecological Models of Human Development," In *Readings on the Development of Children*, edited by Michael Gauvain and Mary Cole (New York: Freeman, 1993), 37-43.

침, 모델링, 피드백 그리고 어떤 특별한 경험을 통해서 다양하게
일어나고 진행될 수 있다. 나이트가 보기에 민족 정체성은 사회화의
산물이다. 이런 차원에서 누구를 만나고 누구에게 영향을 받느냐는
것만큼 한 사람의 인생에 결정적 영향을 미치는 요소는 드물다
하겠다. 셋째 요인은 자기 개념이다. 자기 개념은 내면화를 통한
자기 인식이라 할 수 있다. 사회화를 통해 민족 문화와 가치 등에
노출되었다면 그 문화와 가치를 수용하고 내 것으로 내면화하는
과정이 수반되어야 한다. 나이트는 민족 정체성과 관련한 자기
개념을 (1) 민족 공동체에 대한 소속감, (2) 민족 공동체에 대한
일관성 있는 태도 및 감정, (3) 민족 공동체에 대한 올바른 지식,
(4) 민족 공동체에 대한 애정으로 말한다. 그런데 이러한 내면화는
장 피아제의 형식적 조작기, 즉 형이상학적이고 논리적인 사고를
할 수 있을 때 가능하다. 그렇기에 민족 정체성은 자기 인식을 내면
화할 수 있는 인지능력이 있을 때 가능하다고 나이트는 주장한다.
그러므로 그는 민족 정체성 형성에 영향을 미치는 넷째 요인으로
인지능력을 강조한다. 사회화를 통한 자기 개념이 형성될 수 있는
인지능력이 선행되어야 민족 정체성의 탐색과 헌신이 가능하다.
이 부분은 민족 정체성 교육을 언제부터 해야 하느냐의 문제에
귀한 통찰과 함의를 제공한다. 즉, 유치부, 아동부 때 아무리 민족
정체성을 강조해도, 아직 형식적 조작기의 인지능력을 갖지 못한
아이들은 민족 정체성을 제대로 이해하거나 확립하기 힘들다. 이런

의미에서 나이트의 모델을 사회인지 모델이라고 부르는 것이다. 피아제의 형식적 조작기는 청소년기부터 가능한데, 이는 정체성 형성이 청소년기부터 시작된다는 에릭 에릭슨의 이론과 일맥상통하는 부분이다. 물론 성장발달이론이 주는 통찰을 모든 이들에게 일반화시켜서는 안 된다. 개인차에 따라 상이한 인지발달이나 사회 심리 발달이 가능하기 때문이다. 민족 정체성 형성에 영향을 미치는 마지막 다섯째 사회적 요인은 직접적인 상황적 영향력이다. 이는 민족성에 노출되고 탐색하기에 유리한 상황에 놓일 때 민족 정체성 형성에 유리하다는 의미다. 예를 들어 민족 문화와 예절이 강조되고 한국어 사용이 독려되는 가정, 민족 정체성을 형성한 다른 2세 친구들을 만날 수 있는 한인 공동체 등에 노출될 때 민족성의 성찰과 탐색에 직접적인 영향을 받는다는 것이다. 같은 관점에서 스티브 강은 이민 2세들의 건강한 정체성 형성에 한인교회의 역할을 강조하였다. 이는 한인교회가 민족 정체성 형성을 위한 파워풀한 상황적 영향력을 미칠 뿐만 아니라 신앙을 통해 통전적인 정체성 형성에 핵심적인 역할을 하기 때문이다.[12]

지금까지 진 피니와 조지 나이트를 통해 이민자들, 특히 이민 2세들의 민족 정체성 형성에 대한 두 가지 중요한 이론을 살펴보았다. 물론 피니와 나이트의 모델을 모든 사람에게 일반화할 수는

---

12 S. Steve Kang, *Unveiling the Socioculturally Constructed Multivoiced Self*, 69-70.

없지만, 정체성 형성과 관련된 좋은 통찰을 얻을 수 있다는 유익이 있다. 무엇보다 탐색과 헌신이 정체성 형성에 키포인트라는 것을 안다면, 균형 있게 탐색하고 성찰할 수 있도록 다양한 기회들을 제공해 줄 수 있을 것이다. 이처럼 정체성 교육은 주입이 아니라 탐색과 헌신의 과정을 돕는 것이다. 특별히 두 문화 사이에서 자라나는 이민 2세들의 경우 정체성 형성이 훨씬 복잡다단하기 때문에 적절한 지도 편달이 필요하다. 또한 나이트의 사회인지이론을 통해 인지발달 정도에 따라 정체성 형성 교육의 방법과 정도를 다채롭게 조절할 수 있다. 이와 같은 탄탄한 이론적 베이스에 근거한 정체성 교육은 다음 세대의 정체성 형성에 긍정적인 도움을 줄 가능성이 높다. 하지만 이러한 정체성 교육의 도움 없이 홀로 정체성 형성 과정에 내몰리는 이들이 다반사다. 적절한 정체성 교육을 위해 이민자 부모, 교사, 목회자들은 이민 2세의 정체성 형성 과정과 그들의 삶의 정황을 정확하게 이해하는 것이 아주 중요하다.

### 2) 인종 정체성

이민자에게 민족 정체성만큼 삶에 큰 영향을 미치는 집단 정체성은 인종 정체성이다. 민족 정체성과 인종 정체성은 많은 부분 맞물려 있는 것처럼 보이지만, 이 두 정체성의 기반은 다르다. 민족 정체성은 한 민족의 문화, 언어, 가치 등과 같은 비가시적 표식에 의한 것이고, 인종 정체성은 피부색 등과 같은 가시적 표식에 의한 것이다.13 문화, 언어, 가치 등과 같은 비가시적 표식은 변화가 가능하지만, 피부색이나 인종에 따른 신체적 특징들은 바꿀 수 없고, 문화의 차이보다 훨씬 쉽게 시각적으로 각인된다. 그러나 인종 정체성에는 이러한 생물학적 차원뿐만 아니라 사회학적 차원이 가미된다는 것을 인지할 필요가 있다. 한 사회에서 그 인종을 어떻게 생각하느냐에 따라 긍정적인 혹은 부정적인 인종 정체성이 부여될 수 있다. 예를 들어 인종적으로 계층화된 서구 백인 중심 사회에서는 유색 인종은 백인보다 열등하다고 여겨져 왔고, 이러한 인식은 인종 편견과 차별의 폭력이 의식적으로든, 무의식적으로든 자행될 수 있는 사회적 공간을 만들어 왔다. 오늘날에는 예전보다 인종 차별 철폐에 대한 인식이 확산되면서 인종에 대한 사회적 인식이 바뀌고 있고, 이는 인종 정체성 형성에 여러모로 영향을 미치고 있다. 이와 같이 인종 정체성 형성에는 생물학적 차원과 함께 사회적 차원 또한 중요하다.

많은 한인 이민자는 민족 정체성에 대해서는 큰 관심을 갖지만, 상대적으로 인종 정체성에는 무관심한 경우가 많다. 한국인이라는 민족 정체성은 강하지만, 아시아인이라는 인종 정체성은 약하다.

---

13 Nazli Kibria, *Becoming Asian American: Second-Generation Chinese and Korean American Identities* (Baltimore: The Johns Hopkins University Press, 2002), 40-41.

그러나 인종적으로 계층화된 대부분의 이민 국가에서는 각 이민자의 민족보다는 인종이 훨씬 부각된다. 주류 사회는 한인 이민자들을 볼 때 한국인이냐, 중국인이냐, 일본인이냐보나 아시아인으로 인식한다. 이를 인종적 범주화(Racial Categorisation)라고 한다. 예를 들어 코로나 19(COVID 19)의 발병과 확산으로 인해 중국인에 대한 혐오가 심해졌을 때 중국인뿐만 아니라 많은 아시아인이 함께 피해를 입은 것은 아시아인과 중국인을 구별하지 않는 주류 사회의 인종적 인식 때문이었다. 이는 주류 사회의 인종적 범주화가 얼마나 강한지를 잘 보여주는 사건이다. 그렇기에 오늘날에는 범아시아인 정체성의 필요성이 확산되고 있으며, 이를 통한 아시아인들의 연대가 강조되고 있다. 특히 자신의 부모보다도 다른 아시아인 2세들의 삶에 더욱 공감할 수 있는 2세 이민자들을 중심으로 '범아시아인 정체성'(Pan-Asian Identity)이 강화되고 있는 추세다. 이러한 범아시아인 정체성의 강화는 나즐리 키브리아(Nazli Kibria)의 연구에서도 잘 드러난다. 키브리아는 미국에 거주하는 2세 아시아인들과의 심층 인터뷰 연구를 통해서 이들에게 민족 정체성과 함께 범아시아인 정체성이 강화되고 있다는 사실을 입증하였다. 민족 정체성이 소수 민족들의 문화 유지에 초점을 맞춘다면, 범아시아인 인종 정체성은 계층화된 사회에서 같은 인종으로서의 연대 가능성을 열어준다. 민족과 문화 등이 다르다는 이유만으로 서로 반목하고 나눠지기보다는 같은 아시아인이라는 공통분모를 가지고 협력해

야 한다고 생각하는 2세 이민자들이 늘어나고 있다.[14]

흥미로운 점은 2세 아시아인 신학자들을 중심으로 이러한 범아시아인 정체성을 신학적으로 해석하는 작업들이 진행되고 있다는 사실이다. 대표적으로 대니얼 리(Daniel Lee)가 있다. 한국계 이민 2세 신학자인 리의 가장 중요한 신학적 주제는 아시아계 미국인으로 신학을 하는 것(Doing Asian American Theology)이다. 한국계 이민 2세로서 한국계 미국인이 아닌 아시아계 미국인으로 그의 연구 대상을 확장한 이유는 미국 사회에서 아시아인이라는 공통분모가 갖는 파급력이 강하기 때문이다. 이와 같이 대니얼 리는 범아시아인 정체성과 신앙을 신학적으로 표현하기 위해 노력하고 있다. 중국계 이민 2세 신학자인 이스턴 로(Easten Law)도 마찬가지다. 그 또한 아시아계 미국인이라는 정체성에 초점을 맞추면서 미국 사회에서 아시아인으로서 그리스도인의 제자가 된다는 것은 어떤 의미인지를 신학적으로 분석해 왔다. 대니얼 리와 이스턴 로의 신학적 작업은 이민 신학을 다룰 4장에서 자세하게 소개하려고 한다. 이처럼 아시아인 인종 정체성을 민족 정체성보다 우위에 둠으로써 민족적 차이로 나눠지기보다 같은 아시아인으로 연대하고 협력하려는 운동이 2세, 3세들을 중심으로 점차 확산되고 있다. 그러므로 미국 사회에서는 코로나 19으로 인한 중국인에 대한 혐오

---

14 Nazli Kibria, *Becoming Asian American*, 197-206.

를 중국인에 대한 혐오로만 선을 긋지 않고 아시아인에 대한 혐오로
규정하고, 모든 아시아인이 연대하여 함께 싸워 왔다. 그러나 아직
범아시아인 정체성에 대한 호불호가 있고 또한 미국보다 아시아인
들의 이민 역사가 짧은 다른 이민 국가들에서는 범아시아인 정체성
에 대한 공감대가 약한 것이 현실이다. 하지만 범아시아인 정체성에
대한 호불호에 상관없이 인종적으로 계층화된 사회에서 인종 간의
연대는 소수 인종들의 건강한 삶을 위해 필수적이다. 인종적으로
사람을 판단하는 사회에서 민족 정체성에만 과도하게 초점을 둔다
면, 소수 민족 간 분열이 초래될 수도 있고, 인종 차별이라는 공통된
문제에 큰 목소리를 내는 데 어려움이 생길 수도 있다.

그렇다면 인종 정체성은 어떻게 형성되는가? 윌리엄 크로스
Jr.(William Cross Jr.)의 연구 결과는 인종 정체성 형성에 대한 좋은
관점을 제공한다.[15] 크로스는 미국 흑인들의 흑인 정체성 형성 과정

---

15 여기에서 소개하는 윌리엄 크로스 Jr.(William Cross Jr.)의 흑인 인종 정체성 형
    성 과정, 즉 Negroscence에 대한 내용은 다음 챕터들을 참조하였다. William E.
    Cross Jr., Lakesha Smith, and Yasser Payne, "Black Identity: A Repertoire
    of Daily Enactments," In *Counseling across cultures*, edited by P. Pedersen,
    J. Draguns, W. Lonner, and J. Trimble (Thousand Oaks, CA: Sage
    Publications, Inc, 2002), 93-107; William E. Cross Jr., Linda Strauss, and
    Peony Fhagen-Smith, "African American Identity Development Across
    the Life Span: Educational Implications," In *Racial and ethnic identity in
    school practices: Aspects of human development*, edited by Rosa Hernandez
    Sheets, and Etta R. Hollins (Mahwah, NJ: Lawrence Erlbaum Associates,
    Inc., Publishers, 1999), 29-48.

에 대하여 연구한 학자다. 그는 이 과정을 흑인화(Negrolescence)라고 명명하였다. 1971년 발표된 그의 첫 이론은 이 과정을 다섯 단계로 나눴으나, 1990년대에 이론을 재정비하면서 4단계와 5단계를 통합하여 전 과정을 네 단계로 조정하였다.

흑인화의 첫 번째 단계는 비대면(Pre Encounter) 시기다. 이는 흑인 문화와 가치를 인격적으로 대면하기 전인데, 일반적으로 청소년이 되기 전 어린아이 시기에 해당된다. 이 시기의 흑인 아이들은 미국의 백인 문화에 동화되어 백인 중심적인 사고와 이데올로기에 기초하여 삶을 살아간다. 그다음 단계는 대면(Encounter) 시기로서 흑인 문화와 가치를 대면하게 된다. 이 대면 시기는 자신이 흑인이기 때문에 미국 사회에 온전히 수용되지 못한다고 느꼈을 때 시작된다. 이때부터 자신의 흑인성을 직시하게 되면서 혼란과 소외, 좌절과 분노를 경험하게 되고, 지금까지의 백인 중심적인 사고와 세계관에 문제의식을 가지게 된다. 그러면서 흑인의 문화와 가치 등에 관심을 갖고 배우며 자신의 생각을 확장해 간다. 이 시기는 보통 청소년기 이후부터 시작된다. 세 번째 단계는 인종 정체성이 형성되는 몰입과 출현(Emersion & Immersion) 단계이다. 이 시기는 에릭슨이 이야기한 모라토리움과 같은 과정으로, 흑인 정체성에 대한 고민과 탐색의 시간이다. 몰입과 출현은 마치 세례를 받는 장면을 연상시킨다. 물속으로 들어갔다가(Emersion) 새로운 마음으로 물속에서 나오는(Immersion) 세례처럼, 이 시기의 흑인들은 정체성의 혼돈으로 들어

갔다가 새로운 정체성을 가지고 나온다. 이제 자신의 흑인성을 수용하고 흑인 정체성을 가지고 세상을 바라보게 된다. 그러나 흑인성을 수용하고 흑인의 문화와 가치 등에 자부심을 가졌다 하더라도, 아직 흑인 정체성이 완성된 것은 아니다. 이제 마지막 단계로 넘어가는데, 바로 내면화(Internalisation) 시기다. 이 단계는 새롭게 확립한 흑인 정체성을 나의 참 정체성으로 내면화하는 시간이다. 이를 통해 흑인 정체성은 깊이 뿌리를 내린다. 크로스의 초창기 이론에는 내면화 다음 단계로 헌신 단계를 언급하고 있다. 하지만 헌신(Commitment) 단계를 내면화 단계와 통합하면서 내면화 개념 속에 흑인성에 대한 헌신을 포함시켰다.

크로스의 흑인화 과정은 한인들의 인종 정체성 형성 과정에 대한 통찰과 함의를 내포한다. 1세와 비교하여 2세들의 경우는 범아시아인 정체성을 형성할 가능성이 높은데, 이러한 인종 정체성은 크로스가 제시한 단계들을 밟아간다. 즉, 비대면 시기를 거쳐 대면 시기에서 자신의 인종성에 대한 현실을 직시하게 된다. 이러한 대면은 자신의 인종에 대한 탐색과 고민의 과정인 몰입으로 이끌며, 모라토리움 같은 몰입은 인종 정체성의 출현으로 이어진다. 이렇게 형성된 인종 정체성은 내면화와 헌신을 통해 진정한 정체성으로 확립될 수 있다. 이러한 인종 정체성은 인종적으로 계층화된 사회에서의 불평등과 편견을 극복하고 승화시킬 수 있는 역할을 한다. 크로스는 흑인화 연구를 통해 인종 정체성의 기능을 다섯 가지로 제시하고 있다. 첫 번째 역할은 '버퍼링'(Buffering)이다. 버퍼링은 인종적 불평등으로 인한 부정적 경험들의 충격을 완화시키는 역할이다. 건강한 인종 정체성을 가진 이들은 그렇지 않은 이들보다 인종 차별과 편견을 경험할 때 그 충격에 매몰되지 않는 경향을 보인다. 두 번째 역할은 '코드 스위칭'(Code Switching)이다. 코드 스위칭이란 상황과 환경에 따라 자신의 태도와 가치 판단을 스위칭할 수 있는 능력이다. 미국 백인들과 함께 일할 때는 백인처럼 행동하고, 흑인 공동체에서는 흑인으로서 살아간다. 이러한 스위칭은 뿌리 없이 이리저리 부유하는 유동적(Fluid) 정체성과는 다르다. 유동적 정체성은 아직 확립된 정체성이 없는 상태이나, 코드 스위칭은 정체성이 명확히 확립되어 있을 때 기능할 수 있다. 물에 술 탄 듯, 술에 물 탄 듯한 것이 아니라 자신이 물인지 술인지 명확하게 인식한 상태에서 물과 술의 상황을 자유롭게 대처하는 것이다. 인종 정체성의 세 번째 역할은 '브릿징'(Bridging)이다. 브릿징은 주류 인종 혹은 타 인종 간의 연결을 의미한다. 브릿징은 교차문화적인 기능이다. 브릿징 기능에 익숙한 이들은 주류 인종 혹은 타 인종과 적극적이고 의미 있는 관계를 만들어 간다. 소수 인종으로 자신의 인종이나 민족 공동체에 게토화되지 않는다. 이들은 주류 사회에서 소수 인종으로 살아가는 자신을 이분법적 관점으로 바라보기보다 변증법적 비평을 통해 끊임없이 새로운 시각으로 자신을 정의해 간다. 차별의 경험을 또 다른 폭력의 기제로 사용하는 것이 아니라 타자를 이해하고 포용할 수 있는 능력으로 승화시킬 수 있다. 인종 정체성의 네 번째 역할은 '본딩'(Bonding)이다. 본딩은 자신의 인종 공동체와의 끈끈한 연대 의식을 키우는 기능이다. 건강한 인종 정체성을 확립한 이들은 자신의 인종 공동체와 연대하며 협력한다. 예를 들어 한인이라면 범아시아인 정체성을 가지고 동료 아시아인 들과 소속감을 공유하며 연대하려고 노력한다. 마지막으로 크로스 는 인종 정체성의 기능으로 개인주의(Individualism)를 언급한다. 여기서 개인주의란 인종 정체성의 색깔, 그 깊이와 넓이는 개인마다 모두 다르다는 것을 의미한다. 건강한 인종 정체성은 각자의 취향대 로 독특하게 발전될 수 있다는 것이다. 이 개념은 일반화되고 도식화 된 인종 정체성을 추구하지 않을 수 있는 토대를 제공한다. 크로스는 이에 대한 한 예로, 전통적으로 민주당을 지지해 온 흑인들의 표심이 다변화되는 것을 언급한다. 이제는 자신의 성향과 상황에 따라 공화당을 지지하는 흑인들이 많이 있는데, 이는 전통적인 정치색에 영향을 받지 않고 자기 자신의 판단과 선택에 초점을 맞추는 성향을 잘 보여준다.

### 3) 문화 정체성

이민자의 삶과 정체성 형성에 영향을 미치는 또 다른 집단 정체 성에는 문화 정체성이 있다. 문화 정체성은 민족 정체성을 이루는 주요 요소라고 할 수 있는데, 공유된 문화는 민족 공동체성을 담지하는 중요한 요소이기 때문이다. 문화 정체성을 연구한 대표적인 학자 중 한 명인 베르나도 퍼드만(Bernardo Ferdman)은 이렇게 말한다: "문화 정체성은 자신이 속한 공동체를 특징짓는 문화적 특징들, 행동, 가치, 믿음, 규범 등에 대한 한 개인의 수용 정도이다."16 문화 정체성은 자기가 속한 공동체와 자기 자신 간의 관계를 드러낸다. 자신이 속한 공동체의 문화적 특징들을 자신의 삶에 수용하면 할수록 공동체에 대한 소속감도 강화될 것이다. 그러나 어느 정도를 수용했느냐는 주관적인 차원이기 때문에, 비슷한 가치들을 수용하더라도 개인이 느끼는 문화 정체성의 정도는 다를 수 있다. 사회적 요인들과 개인적 차이들에 따라 다양한 정체성이 형성될 수 있다는 점은 다른 집단 정체성인 민족 정체성이나 인종 정체성 형성과 맥을 같이한다. 넓은 의미에서 문화 정체성은 개인이 숨 쉬는 문화 환경에 대한 반추이다. 문화 정체성의 정도는 문화 형성 과정에서 한 개인이 느끼는 감정과 자기인식을 통해 측정되고 개념화된다. 이때 개인의 감정과 자기인식은 자신이 속한 공동체와의 관계에

---

16 Bernardo Ferdman and Gabriel Horenczyk, "Cultural Identity and Immigration: Reconstructing the 30 Group During Cultural Transition," In *Language, Identity and Immigration*, edited by Elite Olshtain and Gabriel Horenczyk (Jerusalem: The Hebrew University Magnes Press, 2000), 86. 이후에 소개하는 베르나도 퍼드만의 문화 정체성에 대한 생각은 이 논문에 기반하고 있다.

직접적인 영향을 받는다.

이민자의 문화 정체성을 연구한 퍼드만은 세 가지 질문을 통해 피연구자들이 자신의 문화 정체성을 인식할 수 있도록 도왔다. 첫 번째 질문은 자신이 소속감을 느끼는 세 개의 공동체를 피력하는 것이다. 보통 주류 사회와 자신의 민족 공동체를 고른 후 세 번째로 선택하는 공동체를 통해 개인의 추가적인 집단 정체성을 엿볼 수 있다. 이 질문을 통해 개인은 자신이 소속감을 갖는 공동체에 대해 깊이 있게 생각해 보는 기회를 가질 것이다. 두 번째 질문은 자신이 선택한 세 개의 공동체에 대한 열 가지 특징을 각각 진술하는 것이다. 이를 통해 개인은 자신이 관계하는 공동체에 대해 보다 깊이 있게 인식하는 계기가 될 것이다. 마지막 질문은 진술된 세 공동체의 열 가지 특징이 자신의 삶에 미치는 영향을 1(영향이 별로 없다)에서 7(영향이 매우 크다)의 스케일로 표현하는 것이다. 이는 자신의 삶과 행동에 미치는 공동체적 영향들을 깊이 있게 성찰하는 기회가 된다. 이 질문들을 통해 각 개인은 자신의 문화 정체성, 민족 정체성에 대한 공감대와 자기인식 등을 성찰해 볼 수 있다. 중요한 것은 이러한 문화 정체성은 다른 정체성들처럼 삶의 상황과 경험 등에 따라 계속해서 변화되고, 생성과 소멸, 창조와 재창조의 과정을 반복한다는 것이다. 이러한 문화의 창조와 재창조의 과정을 조앤 나젤(Joane Nazel)은 다음과 같이 설명한다: "문화는 역사적이고 문화적인 상품들로 채워진 쇼핑백처럼 한 사람에게 배달되지 않는다.

처음에는 부모 등을 통해 일정한 문화상품들을 수동적으로 소비하겠지만 점차 과거와 현재라는 선반들에서 나에게 필요한 아이템을 선택하고 내 쇼핑 트롤리에 집어넣으면서 나의 문화를 형성하는 것이다. 이러한 문화 선택은 일회성 행위가 아니라, 식료품 쇼핑처럼 계속해서 발생한다. 상황에 따라 내가 선택하고 소비하는 것이 달라진다. 이런 과정을 통해 문화는 통합되고, 재발견되며, 재해석된다."17 나젤이 말하는 '나의 문화를 형성하는 것'이 바로 이민자의 문화화이다. 이민자는 옛 문화와 새 문화를 수동적으로 선택하고 소비하는 것이 아니라 창조적으로 통합하여 제3의 문화를 형성해 가야 한다. 이때 이민자의 단절과 주변화와 집단화의 경험들은 새로운 창조를 위해 없어서는 안 될 원료가 될 것이다. 이렇게 새롭게 창조된 제3의 문화와 새로운 문화 정체성은 이민자의 개인 정체성과 다른 집단 정체성들에 영향을 미치면서 디아스포라 이민자의 시각을 확장하고 심화시켜 나갈 것이다.

## 4) 신앙 정체성

'하나님의 자녀'라는 신앙 정체성은 개인 정체성이기도 하지만,

---

17 Joane Nagel, "Constructing Ethnicity: Creating and Recreating Ethnic Identity and Culture," *Social Problems*, no. 41(1994), 162.

신앙 공동체의 정체성이라는 점에서 집단 정체성이기도 하다. 두 문화의 경계선상에서 살아가는 이민자의 독특한 삶의 정황을 고려할 때 신앙 정체성은 이민자의 삶에 엄청난 영향을 미친다. 이민자들, 특히 이민 2세들은 두 사회, 두 문화 가운데 자신이 어디에 속해 있는지에 대해 혼란스러워하는 경우가 많다. 주류 사회에도 뿌리내리지 못하고 민족 공동체에도 속하지 못한다면 더욱 괴로울 수밖에 없다. 그러나 하나님의 자녀라는 정체성을 가지면, 내가 미국인이냐, 한국인이냐에 대한 고민을 넘어설 수 있다. 왜냐하면 하나님 자녀 정체성은 국가 정체성이나 민족 정체성보다 더 큰 개념이기 때문이다.

신앙 정체성을 통해 정체성 혼란의 문제를 극복한 대표적인 이가 바로 모세다. 모세는 태어난 지 3개월 만에 나일강에 버려져 이집트 공주에게 발견되어 이집트 왕자로 살아가게 되었다. 죽을 수밖에 없는 히브리 노예가 이집트 왕궁에서 살아간다는 것은 겉으로 보기에는 큰 행운이지만, 깊게 들여다보면 그리 간단한 문제가 아니었다. 어렸을 때야 자신이 이집트인이라는 것을 의심하지 않았겠지만, 점점 자라면서 자신의 신체적인 차이들과 히브리인이라는 꼬리표로 인해 많은 차별과 무시를 받았을 것이다. 또한 이를 통해 "나는 누구인가"에 대한 정체성의 혼란을 끊임없이 겪었을 것이다. 모세가 얼마나 치열한 정체성의 암흑기를 거쳤는지를 보여주는 이야기가 성경에 기록되어 있다. 어느 날 모세는 히브리인들을 보러 나갔다가 한 히브리 노예가 이집트 관리인에게 무차별 폭행을 당하는 것을 보고 격분하여 이집트인을 때려죽인다. 그에게 히브리인들의 노예 생활은 남의 일이 아니었고, 더 나아가 이런 감정이 살인으로까지 나아간 것은 자기 자신이 이집트인들로부터 받은 억압과 냉대가 얼마나 컸는지를 우회적으로 보여 준다. 그다음 날 모세는 살인 현장을 다시 찾는다. 모세는 두 히브리인들이 싸우는 것을 보고 어찌 동족끼리 싸우느냐며 중재를 시도한다. 그때 싸우던 히브리인 중의 한 사람이 이렇게 이야기한다: "누가 너를 우리의 재판장으로 삼았더냐? 내가 말을 듣지 않으면, 나도 어제의 이집트인처럼 죽일셈이냐?"(출 2:14) 결국 동족의 밀고로 모세는 이집트를 떠나 미디안 광야로 도망갔다. 이 사건은 이집트 사회에서뿐만 아니라 히브리 공동체에서도 모세는 환영받지 못한 인물이었다는 것을 잘 보여 준다. 미디안 광야에서 모세는 40년을 보냈다. 미디안 광야에서 이드로의 딸과 결혼하여 가정을 이룬 것을 제외하면, 모세가 어떤 삶을 살았는지에 대한 기록은 없다. 그러나 나이 80세가 되어서도 광야에 나와 양을 쳐야 하는 모세의 처지를 보면, 미디안에서도 그의 주변성은 별반 바뀌지 않았을 것이라 추정해 볼 수 있다. 전통적 주변성의 관점에서 볼 때, 모세는 어디에도 속하지 못하는 주변인 중의 주변인이었다. 그는 이집트로부터 추방되었고, 히브리 공동체로부터도 환영받지 못했고, 미디안에서도 한낱 객일 뿐이었다. 이때 모세의 삶을 180도 바꾸는 일대 사건이 일어난다.

바로 떨기나무 사건이다. 살아계신 하나님을 그의 삶의 자리였던 광야에서 대면한다. 하나님께서는 모세를 호명하시고, 모세가 서 있는 곳을 거룩한 땅으로 선포하신다. 이 사건은 가장자리 끝까지 밀려난 모세가 더 이상 주변이 아닌 하나님이 계신 중심으로 옮겨지는 것을 극적으로 보여준다. 더 나아가 "네 신을 벗으라"(출 3:5)는 하나님의 명령에 순종함으로 모세는 하나님이 계신 거룩한 땅에 서기로 결단한다. 즉, 자신이 의지하던 모든 신발을 벗어 던지고 하나님만 의지하는 하나님의 백성으로 거듭나는(Born Again) 순간이다. 하나님의 백성이 된 모세에게 더 이상 이집트인이냐, 히브리인이냐, 미디안인이냐는 질문은 의미가 없어졌다. 하나님의 백성으로서 그는 이집트인이면서 동시에 히브리인이자 미디안인이 될 수 있었다. 바로 이때 하나님은 그를 당신의 도구로 부르신다. 히브리인들을 이집트의 노예에서 해방하여 출애굽시키는 하나님의 계획에서 모세만큼 적합한 인물이 또 있을까? 이집트 말과 문화에 능통하고, 히브리 민족에 대한 애정과 애착을 느끼며, 앞으로 펼쳐질 광야 생활을 먼저 경험하여 지혜를 터득한 이가 모세였음을 고려하면 하나님은 최고의 인재를 준비시키고 계셨던 것이다.

이처럼 신앙 정체성은 자기 자신에 대한 더 큰 관점과 개념을 제공한다. 신앙 정체성 안에서 민족 정체성, 인종 정체성, 문화 정체성 등이 통합되고 새롭게 승화될 수 있다. 하지만 신앙 정체성을 확립했다고 자동적으로 다른 정체성들이 신앙 안에서 통합되거나 승화되는 것은 아니다. 신앙 정체성을 가졌다는 것은 '하나님의 자녀'로서 세상을 바라보고 이해하는 관점을 얻었다는 의미이고, 신앙적 관점으로 이민자로서의 복잡다단한 삶과 상황을 반추하고 해석하는 훈련은 계속해서 필요하다. 이것이 바로 이민 신학적 탐구이다. 다음 장에서는 디아스포라 주변인으로 살아온 여러 한인 신학자들의 이민 신학적 주제와 고민, 성찰과 분석의 결과들을 살펴봄으로써 이민 신학에 대한 이해의 지평을 넓히고자 한다.

## 반추와 토론을 위한 질문

1) 정체성은 한번 확립된 이후 변화되지 않고 고정되어 있는 것이 아니라, 삶의 상황, 세계관, 가치 등이 바뀔 때 함께 변화의 과정을 거치게 된다. 이민 오기 전의 정체성과 이민 온 이후의 정체성의 변화의 폭을 1(변화의 폭이 거의 없음)부터 7(변화의 폭이 매우 큼)까지 선택할 수 있다면 숫자 몇을 선택할 것인가? 그 이유는 무엇인가?

2) 이민 다음 세대(1.5세, 2세, 3세)의 정체성 형성 과정은 개인 정체성과 집단 정체성(민족, 인종, 문화, 신앙 정체성 등)이 함께 형성되는 '이중적 정체성 형성'이라는 독특한 과정을 거친다. 이민 다음 세대에게 집단 정체성이 중요한 이유는 무엇인가? 다음 세대들이 건강한 집단 정체성과 개인 정체성을 형성할 수 있도록 부모와 교회는 어떻게 도울 수 있을까?

3) 최근 미국에서는 범아시아인 정체성의 중요성이 점점 강조되고 있다. 인종적으로 계층화된 사회에서는 한국인, 중국인, 일본인 등의 민족적 구분보다 아시아인이라는 인종적 구분과 범주화가 만연하기 때문이다. 이런 컨텍스트에서는 민족적으로 분열되기보다 같은 아시아인이라는 정체성을 가지고 연대하며 협력해야 한다는 것이 범아시아인 정체성을 강조하는 이들의 목소리이다. 범아시아인 정체성에 대한 나의 생각과 감정을 반추해 보자. 범아시아인 정체성이 이민 교회의 목회와 교육에 주는 통찰과 함의는 무엇인가?

4) 하나님의 자녀라는 신앙 정체성은 우리 기독교인들이 궁극적으로 확립하고 발전시켜야 할 정체성이다. 하나님의 자녀라는 정체성이 확립되면 더 이상 어떤 민족이냐, 어떤 인종이냐, 어느 나라 사람이냐 등의 이분법적인 구분을 넘어 설 가능성이 높다. 그렇기에 이민 다음 세대들이 하나님을 인격적으로 만나고 확고한 신앙 정체성을 확립할 수 있도록 최선을 다해 도와야 한다. 나의 가정과 내가 섬기는 교회의 신앙 교육은 어떠한가? 더 나은 신앙 교육을 위해 필요한 것은 무엇인가?

5) 사무엘상 1장을 읽고, 한나와 엘가나의 신앙 교육에 대해 묵상해 보자. 사무엘의 신앙 정체성 형성에 한나와 엘가나는 어떤 역할을 했는가?

# 4장

# 이민 신학

지금까지 개인 정체성과 집단 정체성의 관점에서 이민자의 삶의 정황들을 살펴보았다. 이제는 이민자를 신학적인 관점에서 살펴보려고 한다. 신학은 우리 삶의 문제들을 하나님께 묻고 답을 구하는 노력이다. 이민 신학은 디아스포라 이민자로서의 신학함의 여정이며, 이민자와 이민 교회를 향한 하나님의 뜻을 분별하는 비평적 작업이다. 현재 전 세계에 5천 개가 넘는 한인 이민 교회가 활동하고 있다고 추산되지만,[1] 아직도 이민 신학에 대한 연구와 실천은 미비한 수준이라 할 수 있다. 이러한 부족한 이민 신학적 연구와 실천은 이민 교회를 한국교회의 복사판으로 만들어 왔다. 전 세계 지역을 막론하고 한인 디아스포라교회는 기독교 복음과 함께 한민족의 문화와 언어를 계승하는 역할을 해 왔다. 이민자 자녀들이 한국인

---

1 양태철, "[특별기고] 한인 디아스포라 크리스천의 선교 사명", 기독일보, https://kr.christianitydaily.com/articles/116838/20230308/특별기고-한인-디아스포라-크리스천의-선교-사명.htm. (accessed 7 August, 2023)

정체성을 확립할 수 있도록 한국말과 한국의 예절과 가치관을 적극적으로 가르쳐 왔다. 그 결과 기독교 신앙이 없는 이들도 사회적, 문화적, 교육적인 이유로 인해 한인교회를 출석하면서 전봉석으로 이민자들의 교회 출석률은 한국 사회보다 월등히 높은 특징을 보여 왔다.

이처럼 한인교회는 종교적인 기관으로서뿐만 아니라 사회문화적인 센터로서 디아스포라 한인 공동체에 많은 긍정적 역할을 해 온 것이 사실이다. 하지만 긍정적인 역할만큼이나 부정적인 영향을 미쳐 온 것도 인지해야 한다. 한인교회의 대표적인 부정적 영향 중의 하나는 극심한 분열일 것이다. 대부분의 한인교회의 역사는 초창기부터 분열의 역사였다. 교회의 분열은 한인 공동체의 분열로 이어지게 되었고, 한인 이민자의 수에 비해 비정상적으로 많은 교회가 세워지는 현상으로 귀결되었다. 수많은 교회들의 난립과 소멸의 반복은 교회들의 연합과 한인 사회의 결속에 적지 않은 부정적 영향을 미쳐 왔다. 더 나아가 교회 안에서의 다툼과 분쟁 과정을 경험한 다음 세대들이 큰 상처를 받고 교회를 떠나거나 심지어 신앙 자체를 잃어버리는 경우도 적지 않다는 점은 매우 심각한 문제가 아닐 수 없다. 또한 무분별한 분열로 인해 난립한 대부분의 한인교회가 경제적으로 궁핍한 미자립교회다보니 담임목사를 비롯한 목회자들의 청빙 문제, 처우 문제, 비자 문제, 목회의 질 등 다양한 관련 문제들이 파생되어 왔다.

그렇다면 왜 많은 디아스포라 한인교회들은 많은 분열을 겪으며 파편화되어 왔는가? 여러 가지 이유가 존재하겠지만, 가장 근본적인 이유는 이민자의 고단한 삶과 독특한 정체성 형성 과정을 신학적으로 담아내고, 이를 바탕으로 이민 교회의 방향성을 제시할 수 있는 이민 신학이 이민 목회 현장으로 스며들지 못했기 때문이다.

2장에서 언급했듯이 많은 한인 이민자는 언어와 문화의 차이, 인정받지 못하는 자격증의 문제 등으로 인해 자신의 전문 분야에서 일하지 못하고 직업적인 하향화를 겪고 주류 사회에 뿌리내리지 못하는 경험들을 한다. 이로 인한 상대적 박탈감을 한인 공동체 내에서 채우려는 경향을 보이는데, 한인교회 내의 갈등과 분열은 이러한 욕구와 맞물려 있다.

그렇다면 이 문제에 대한 깊은 신학적 반추와 성찰, 이를 통한 신학적 해결 방안들이 제시되어야 한다. 예를 들어 디아스포라 이민자의 존재론적 이유를 신학적으로 제시하고 디아스포라교회가 추구해야 할 방향성들에 대한 논의와 교육이 병행되어 디아스포라 이민 교회에 대한 새로운 시각과 인식을 심어주어야 한다. 그래야 주류 사회에서 잃어버린 것들과 채우지 못하는 것들을 한인교회 내에서 보상받으려는 심리 기제를 극복할 수 있을 것이다.

또한 교회 안의 갈등과 반목을 정치적이고 세속적인 방법들로 해결하려고 하기보다 신학적으로 성찰하며 풀어가고자 하는 성숙한 문화를 조성할 수 있게 된다. 그러나 지금까지는 이러한 이민 신학적인 몸부림과 실천이 미비했다. 몇몇 신학자들을 중심으로 이민 신학의 목소리들이 이어져 왔지만, 그러한 이민 신학적 성찰과 통찰이 이민 교회 현장에 뿌리내리지 못했다. 가장 큰 이유는 일선 목회자들의 이민 신학에 대한 무관심 혹은 무지 때문일 것이다. 잦은 분쟁과 다툼으로 이민 교회들이 갈라지고 새로운 교회들이 우후죽순으로 생겨나면서 새로운 교회의 리더들은 한국으로부터 목회자들을 수급하였다.

　한국 신학교들의 수많은 신학생 배출과 맞물려 목회자 수급은 그리 어렵지 않게 진행된 경우가 많다. 하지만 문제는 그렇게 한국에서 청빙된 목회자들의 대부분은 이민자와 이민 생활, 이민 교회의 특수성에 대한 인식이 거의 없이 목회를 시작한다는 사실이다. 그렇기에 복잡한 이민 콘텍스트에 대한 충분한 이해가 결여된 채 한국적 성장 중심 목회 철학과 프로그램을 무분별하게 적용해 온 경우가 허다했다. 한국이 아닌데 한국식 목회를 시도하다 보니 상황 밖의 목회로 전락되고, 이는 교회 안팎의 다양한 문제들을 야기하며 교회 안의 갈등과 분쟁을 더욱 조장하는 직간접적인 이유가 되었다. 그렇기에 준비된 이민 교회 목회자의 중요성은 아무리 이야기해도 지나치지 않으며, 이를 위한 이민 신학적 교육과 훈련의 필요성도 강조되지 않을 수 없다. 이런 의미에서 디아스포라 이민자를 신학적으로 성찰하고 이민자들을 위한 건강한 신앙 공동체에 대한 올바른 가치와 방향성을 제시할 수 있는 이민 신학에 대한 연구와 정립은 더 이상 선택이 아닌 필수다. 이를 위해 목회자들뿐만 아니라 한인교회 리더들과 교인들도 디아스포라 신학에 더 많은 관심을 가지고 디아스포라 이민 교회가 한국교회의 복사판이 되지 않도록 노력해야 할 것이다.

이번 장에서는 이민 신학에 대한 통전적인 이해를 돕기 위해 대표적인 한인 이민 신학자들의 이민 신학적 사고를 나누려 한다. 초창기 이민 신학부터 현재의 담론까지, 이민 1세 신학자들뿐만 아니라 1.5세, 2세 신학자들의 목소리까지 담아보려고 한다. 또한 단지 그들의 생각을 정리해서 소개하는 것을 넘어 그들의 사고가 갖는 이민 신학적 통찰과 함의들을 비평적으로 제시할 것이다.

### 1) 이정용

이정용[2]은 이민자를 주변인이라고 규정한다. 주변인이란 양 문화에 끼어있는 삶, 양 문화 어디에도 소속되지 못하는 삶을 의미한

---

2 이곳에서 소개하는 이정용의 신학은 그의 책, *Marginality : The Key to Multicultural Theology* (Minneapolis: Fortress Press, 1995)에 기반한다. 2012년경 필자가 박사학위(Ph.D.) 논문을 쓸 때, 호주 멜번대학교 도서관에서 우연히 이 책을 발견하고 읽어 내려가면서 받은 감동과 전율은 아직까지 생생하다. 출판된 지 30년이 가까이 된 오래된 책이지만, 이민자와 이민 교회에 대한 이정용의 신학적 통찰은 아직도 파워풀하다. 2015년에 한국어 번역판 『마지널리티: 다문화 시대의 신학』이 포이에마에서 출간되었다.

다. 하여 그는 주변인을 In-between의 삶을 사는 존재로 이해한다. 이정용은 이러한 주변인으로서의 이민자를 신학적인 관점에서 재해석한다. 그 중심에는 "하나님은 왜 나를 이민자, 주변인으로 부르셨는가?"라는 질문이 자리한다. 이는 이정용 자신의 질문이었다. 미국에서 소수 민족, 소수 인종으로 살면서 겪은 많은 아픔과 소외, 불안과 분노가 깃든 질문이었다. 신학적 질문은 하나님을 향한 질문이기에, 신학적 사유를 낳고 발전된다. 이 질문은 이민자로서 겪는 삶의 고단함과 아픔을 상처로만 남겨두지 않고, 하나님의 관점에서 바라보고 새로운 통찰을 얻는 마중물이 된다. 여기에 신학적 질문의 의의가 있다. 이정용은 이민자를 주변인으로 정의하고 사색하면서 이민자가 겪는 주변성(Marginality)을 두 가지로 나눈다. 바로 전통적인 주변성과 새로운 주변성이다.

전통적인 주변성은 주류와 소수 사이의 구조적이고 계층적인 분리를 전제한다. 주류는 중심이고, 소수는 주변이다. 중심과 주변의 분리, 그 원칙들은 주류가 정한다. 이런 중심에서 주변을 나누는 '중심의 주변성'은 중심에 속하느냐, 주변에 속하느냐, 이분법적인 선택을 강요하지만, 사실 주변인은 중심에 속하고 싶어도 속할 수 없기에 이는 선택의 문제가 아니라 태생적인 것이다. 그러나 이정용은 주변성에 대한 새로운 시각을 소개한다. 그는 질문한다: "정말 중심이 주변을 만들어 가는 것인가?" 그의 답은 "아니다"이다. 그는 연못의 비유를 들어 이를 설명한다. 연못에는 중심 부분과 가장자리 부분이 있다. 그러나 고요한 연못에 돌을 던지면 돌이 들어간 곳을 중심으로 원 모양의 물결이 만들어져 주변으로 흩어진다. 즉, 연못의 중심과 주변은 '돌'이라는 새로운 변수에 따라 언제든지 바뀔 수 있다. 전통적으로 주류가 만들어 놓은 중심과 주변의 패러다임은 쉽게 바뀌지 않는다. 영속적인 중심과 주변의 개념은 가장자리로 밀려난 주변인들에게는 아무것도 할 수 없는 무기력감을 준다. 그렇기에 주변성은 치유할 수 없는 아픔과 상처가 되는 것이다. 하지만 신학적인 관점에서 중심과 주변의 개념은 완전히 달라진다. 무엇보다 중심과 주변의 기준은 주류가 아니라 하나님이시다. 하나님이 연못이라는 세상에 돌을 던졌을 때 그 돌이 들어가는 그 곳이 중심이라고 한다면, 중심에 서려고 애쓰는 우리의 노력은 헛될 수밖에 없다. 중심에 서 있다고 자부해도 하나님이 중심을 옮기시면 언제든지 주변인이 될 수 있는 것이다. 반면 세상적으로 가장자리에 내몰렸다 하더라도 하나님이 원하시는 곳에 서 있다면 그곳이 중심이 된다. 이것이 새로운 주변성이다. 새로운 주변성은 더 이상 양자택일의 삶을 살지 않고, 그 이분법을 넘어서는 변증법적 초월(In-beyond)의 삶을 가능케 한다.3 이러한 새로운 주변성의 인

---

3 이정용은 양자택일(In-between)과 변증법적 초월(In-beyond)의 삶 사이에 양
   자 수용(In-both)의 삶이 있다고 이야기한다. 양자 수용의 삶은 양자택일과는 다
   르게 양 문화를 모두 포용함으로 그 사이의 갈등을 해결하려고 한다. 하지만 이정용
   은 양 문화를 변증법적으로 통합해내지 못한다는 점에서 양자택일식 삶과 양자 수

식은 이정용의 이민 신학의 출발점이 된다. 새로운 주변성은 주변성의 현실을 새롭게 보게 한다. 중심과 주변이라는 이분법적 사고가 아닌 하나님의 관점에서 내가 서 있는 곳을 돌아보게 한다. 전통적 주변성에서는 미국인이냐 한국인이냐, 주류냐 비주류냐 중의 하나일 수밖에 없지만, 새로운 주변성에서는 주류냐, 비주류냐는 의미가 없다. 중요한 것은 나와 하나님과의 관계다. 하나님과 함께 있다면 주류냐, 비주류냐는 더 이상 중요하지 않다. 하나님과 함께 있다면 주류이면서도 동시에 비주류일 수도 있고, 더 나아가 제3의 문화를 창조할 수 있다.

이러한 새로운 주변인의 삶은 양서류 개구리와 같다. 개구리는 물속에서도 살고 물 밖에서도 산다. 물속에서도 살고 물 밖에서도 살기 때문에 그 어디에도 소속되지 않을 수 있다. 물 밖 포유류는 개구리가 물속에서도 산다고 포유류의 범주에서 배제할 것이고, 물속 어류는 개구리가 물 밖에서도 거주하기에 자신들의 공동체에 끼워주지 않을 것이다. 물속과 밖의 경계에 있는 개구리는 이도 저도 아니다. 하지만 이는 포유류와 어류의 관점에서 그렇다. 개구리는 포유류도 어류도 아니지만, 포유류일 수도 동시에 어류일 수도 있는 새로운 존재다. 땅에서 사는 포유류는 물 밖에서만 살기에 물속 세상을 알 수 없다. 물속에서만 사는 어류는 물 밖 세상을

---

용의 삶을 모두 전통적인 주변성의 모습으로 규정한다.

이해할 수 없다. 그러나 개구리는 물속과 물 밖 세상을 모두 경험할 수 있기에 이 세상을 통전적으로 이해할 수 있다. 그렇기에 개구리가 갖는 창조적 잠재력은 포유류와 어류와 비교하여 무궁무진하다. 이것이 '가장자리의 창조성'이다. 예술에 비유한다면, 개구리 예술가가 만들어 내는 예술적 깊이와 넓이는 포유류와 어류 예술가가 창조해내는 예술과는 비교할 수 없을 것이다. 이것이 새로운 주변인으로서의 이민자, 양 문화를 경험하고 이를 통합해 낼 수 있는 이민자들의 창조적 잠재력이다. 그렇기에 둘 중에 하나를 선택할 필요도 없고, 중심에 설 수 없는 현실에 좌절할 필요도 없다. 주류가 만든 중심에 서려고 하면 할수록 주변인은 더욱 가장자리로 내몰릴 수밖에 없다. 그러므로 중심은 바로 하나님이 만드신다는 것을 늘 기억하며 우리가 서 있는 그 자리, 곧 가장자리의 삶을 주변인으로서 최선을 다해 살아가야 한다. 스스로 주변인이 되어 주변을 살아갈 때, 양 문화 사이의 이차원적인 평면의 삶을 뛰어넘어 양 문화를 창조적으로 빚은 입체적인 삶, 삼차원적인 삶을 살아갈 수 있다. 이정용은 이를 '주변성의 주변을 살아가는 삶'으로 명명하면서, 이런 삶을 살아가는 이들을 '창조적인 아웃사이더'라고 표현하였다. 중심이 되고 싶지만 어쩔 수 없이 주변으로 밀려난 '수동적 아웃사이더'와 달리 '창조적 아웃사이더'는 스스로 주변을 살아가며 주변성을 창조의 원천으로 삼는 이들이다. 창조적 아웃사이더만이 중심도 포용하고 주변도 포용할 수 있다. 이는 비존재에서 존재로의 변혁 과정이다. 양 문화 사이에서 두 문화를 넘어 새로운 존재로 변화한다. 여기에서 정과 반의 다름은 새로운 합을 위한 필수 불가결한 동력이 된다. 새로운 합은 정과 반의 혼합이 아니라 초월이다. 정과 반의 변증법적인 창조를 통해서 새로운 합의 문화를 만들어가는 새로운 주변인들은 자유하며 전인적이다. 이들은 화해자이며 중재자이고 상처 입은 치유자이다. 비평적 성찰차이며 하나님을 통전적으로 사고하는 신학자이다.

이정용은 이와 같은 새로운 주변성에 대한 인식을 배우고 새로운 주변인이 되어야 한다고 주장한다. 그리고 새로운 주변인의 표상으로 예수를 언급한다. 예수 또한 주변인의 삶을 살았던 인물이었기 때문이다. 예수는 하늘과 땅, 그 둘 사이에서 살아야 했던 하나님의 아들이었다. 그는 하나님과 동등한 성자 하나님이면서 동시에 온전한 인간으로 이 땅에서 사셨다. 그러나 하늘과 땅 사이에 끼어서 살지 않았다. 하늘과 땅, 둘 중에 하나를 선택하지 않았다. 그는 하늘을 사시면서 동시에 땅을 사셨다. 신성과 인성을 변증법적으로 통합하여 하나님과 인간을 화목케 하는 화해자의 삶을 사셨다. 십자가는 하늘과 땅, 수직과 수평을 동시에 사셨던 예수 그리스도의 삶을 단적으로 보여주는 상징이다. 이뿐만이 아니다. 이 땅 위에서의 그는 철저한 비주류였다. 마구간에서의 그의 출생과 태어나자마자 이집트로 도망가 난민으로 살아야 했던 이 땅 위에서의 그의 삶의 시작은 그 인생이 어떠했는지를 단적으로 보여 준다. 이집트에서 돌아온 후 그는 목수의 아들로 그리고 목수로 살았다. 부와 권력과는 거리가 먼 비주류였다. 그러나 그는 비주류와 주류를 이분법적으로 나누지 않았다. 그는 비주류로 살면서 다른 비주류들을 포용하셨고, 주류들의 변화를 위해 애쓰셨다. 예수께는 비주류이든, 주류이든 모두 하나님의 백성들이었기 때문이다. 하늘과 땅을 통합하고, 주류와 비주류를 포용하셨던 예수는 부활을 통해 죽음을 이기심으로 진정한 구원자가 되셨다. 그러므로 이정용은 예수를 최고의 주변인이라고 명명하면서, 이민자를 포함한 모든 주변인이 닮아가야 할 표상으로 제시한다. 예수와 같은 새로운 주변인의 예로 이정용은 마틴 루터 킹을 이야기한다. 킹은 흑인이었지만, 흑인과 백인을 대립적인 관점으로 보려고 하지 않았다. 그는 흑인으로서 백인을 포용하였고, 백인도 흑인을 포용할 수 있기를 소망하였다. 서로 대립하고 싸우는 것이 아니라 서로 다름을 인정하고 포용하는 것이 함께 살아갈 수 있는 길이라고 믿었다. 그 결과 킹은 새로운 주변인으로 살았다. 흑과 백을 변증법적으로 통합하여 새로운 흑인이 되려고 노력하였다. 전통적인 주변성이 아닌 새로운 주변성을 추구했기에, 그는 흑인과 백인 사이의 전통적인 이분법적 구조를 뛰어넘어 흑과 백을 통합하는 비폭력 평화운동을 추구하였다. 이것이 킹이 흑인과 백인 모두에게 지지와 공감을 받게 된 이유다. 이처럼 중심과 주변은 힘센 주류가 정하는 것이 아니다. 하나님이 정하신다. 하나님은 당신의 사람들을 훈련시키시고 준비시키신 후 당신이

거하시는 중심으로 부르신다. 하나님이 부르시고 그 부르심에 순종할 때, 우리의 주변성으로 인해 받는 혹독한 아픔, 상처, 고난은 하나님의 사역에 귀하게 쓰임 받는 밑거름이 된다. 여기에 주변인들의 희망이, 이민자들의 소망이 있다. 이것이 주변인으로서의 이민자들이 갖는 잠재력이다. 이정용의 주변인으로서의 이민자 이해와 주변성에 대한 깊이 있는 신학적 분석은 디아스포라 이민 신학의 큰 획을 그은 선구자적인 업적으로 평가받을 만하다.

## 2) 이상현

이상현[4]도 이정용처럼 이민자를 주변인으로 이해한다. 그러나 그는 한 발자국 더 나아가 이민자의 주변성(Marginality)을 '경계성'(Liminality)이란 개념으로 재해석한다. 경계성으로 번역할 수 있는 영어 Liminality는 문자적으로는 '두 개의 다른 상황에 끼어 있는 상태'를 의미하지만, 동시에 '이전 것과 새것 사이의 문턱'이란 뜻도 담고 있다. 즉, '새로운 변화가 시작되는 문턱을 넘기 전'의

---

4 이상현의 이민 신학적 작업은 논문 "이민신학의 정립을 위하여," 「기독교사상」 23호 (1979)와 *From a Liminal Place: An Asian American Theology* (Minneapolis, MN: Fortress Press, 2010)을 참조하였다. 특히 이 논문에는 이민자 이상현의 고뇌와 울분, 신학자 이상현의 통찰과 함의가 잘 드러난다. 45년 된 아주 오래된 논문이지만, 이상현의 이민 신학적 열정이 생생하게 표현되고 있어 그의 이민 신학과 이민 교회에 대한 생각을 이해하는 데 많은 도움을 얻었다.

임계 지점이다. 주변인은 양 문화 사이에 끼어 있는 존재이지만, 동시에 새로운 변화의 경계에 서 있는 사람이다. 이처럼 '경계성' 개념은 주변성이 갖는 부정적인 면과 긍정적인 면 모두를 아우른다.[5] 이는 주변성을 넘어서려는 이상현의 신학적 몸부림을 잘 보여준다.

그에게 주변성은 비인간화의 뿌리이며, 비인격화, 비역사화, 탈사회화의 모습으로 드러난다. 그렇다면 어떻게 주변성을 극복할 수 있는가? 이상현은 '진영 밖으로 나가는 삶'을 새로운 주변인의 삶으로 풀어낸다. 진영 밖으로 나간다는 것은 나에게 익숙한 경계를 넘어 타자에게 나아가는 삶이다. 이상현에게 있어 진영 밖으로 나가는 것은 이민자가 주변성을 극복할 수 있는 좁은 길이다. 이민자가 자기 진영 안에 머물면, 즉 자신의 인종, 민족, 문화, 가치 등에 집착하고 타자를 포용하지 않는다면, 인종과 민족의 다름으로 강요된 주변성은 영속화될 수밖에 없다. 주변성의 족쇄로부터 해방되는 방법은 자신의 인종성과 종족성을 스스로 넘어서는 것이다. 이상현은 이에 대한 예로 룻을 언급한다. 룻은 모압 여인이었고, 모압으로 이민 온 유대인 남자와 결혼하여 모압과 유대 경계선에 살았던 인물이다. 남편이 죽어 사별한 후 시어머니 나오미가 모압을 떠나

---

5 Sang Hyun Lee, *From A Liminal Place: An Asian American Theology* (Minneapolis: Fortress Press, 2010), ix-x.

유대 땅으로 역이민할 때, 룻은 나오미를 따라 유대 땅으로 들어온
다. 스스로 주변인이 된 것이다. 이때 룻이 나오미에게 한 말이
중요하다: "어머님 가시는 곳으로 저도 가겠으며, 어머님 머무는
곳에 저도 머물겠습니다. 어머님의 하나님이 제 하나님이십니다"
(룻 1:16). 룻은 스스로 주변인이 되었지만, 자기 진영 안에 머물렀던
전통적인 주변인이 아니었다. 그녀는 모압인이라는 종족성, 문화,
종교, 가치 등을 넘어 유대 진영으로 들어와 타자였던 유내인들의
삶을 수용하였다. 이는 "어머님의 하나님이 제 하나님이십니다"라
는 신앙고백에서 극적으로 드러난다. 쉽게 말해 룻은 유대인이
되었다. 유대인이 된 모압 여인 룻은 모압과 유대의 경계에서 이분법
적으로 살지 않고 모압인이면서 유대인으로, 유대인이면서 모압인
으로 그녀만의 창조적인 삶을 영위하였다. 이러한 그녀의 삶은
차별과 소외의 상징이 아닌 포용과 창조의 통로가 되었다. 그 결과
타민족이었던 룻은 이새의 어머니, 다윗의 할머니가 되었고, 예수
의 조상이 되어 구원 족보의 일원이 되었다. 주변인 룻의 이러한
대반전은 진영 밖으로 나가는 삶의 힘을, 그 영향력을 단적으로
보여 준다.

이상현이 보기에 진영 밖으로 나가는 삶, 즉 경계를 넘는 삶의
최고의 모델은 역시 예수이다. 예수는 본체 하나님의 아들이셨으나
자신의 진영을 버리고 육신을 입고 인생 가운데로 나오셨다. 그는
스스로 주변인이 되어 하나님의 아들이면서 인간의 아들로 사셨다.

하나님의 아들로 놀라운 기사와 이적들을 행하시면서도 인간의 아들로 모진 고난과 핍박을 견디셨다. 하나님의 아들로 구원의 은혜를 베푸시면서 인간의 아들로 십자가에 못 박혀 죽으시고 부활 하심으로 구원의 문을 활짝 여셨다. 자기 진영을 버리고 그 경계를 넘어 스스로 인간이 되신 예수는 주변성이 어떻게 진정한 생명력의 원천이 되는지를 몸소 보여주셨다. 자기 진영을 버리고 타자를 포용한 예수는 당신의 제자들도 그런 삶을 살아내기를 원하셨다. 예수의 제자 공동체를 보면 이러한 예수의 소망을 바로 알아차릴 수 있다. 예수는 12명의 제자를 부르시고 그들을 복음의 일꾼으로 양육하시는 일에 자신의 공적 삶과 사역의 주요 목적으로 삼으셨다. 그런데 제자들의 구성원들을 보면 흥미롭다. 평범한 갈릴리 어부들 이 주를 이루었지만, 그 가운데는 세리도 있었고, 로마에 대항하여 무장 독립을 추구했던 열심당원도 있었다. 사실 세리와 열심당원은 같은 공간에서 공존할 수 없는 자들이었다. 세리는 로마의 부역자들 이었고, 유대 독립을 위해 로마에 항거하던 열심당원이 보기에는 매국노였다. 유대인으로 30년의 삶을 살아왔던 예수가 이를 몰랐 을 리가 없음에도 그는 세리와 열심당원을 함께 자신의 제자 공동체 로 초대하였다. 각자의 진영 밖으로 나와 그 경계를 넘어 타자를 이해하고 포용하기를 원하시는 예수의 뜻이 담겨 있다. 성경에는 자세하게 기록되어 있지 않지만, 예수의 제자 공동체 안에는 세리와 열심당원이라는 원수 같은 관계뿐만 아니라 크고 작은 다양한 차이와 불일치가 존재했을 것이고, 그렇기에 제자 공동체는 조용할 날이 없었을 것이다. 서로 다른 정치색, 종교색, 삶의 목적 등으로 인해 반목과 다툼이 끊이지 않았을 것이다. 그 한 예가 복음서에 기록되어 있는데, 야고보와 요한이 예수에게 은밀히 자리 청탁을 하자 다른 제자들이 분노하며 싸웠다는 기사이다. 예수는 이렇게 문제 많고 탈 많은 제자 공동체를 이끄시면서 때마다 일마다 그들이 자신의 진영 밖으로 나올 수 있도록 기르치셨다. 사마리아 여인과의 대화나 선한 사마리아인의 비유 등을 통해 자신들의 종족성을 넘어서도록 도우셨고, 바리새인과 사두개인들에 대한 통렬한 비판을 통해 그들의 종교성을 돌아보도록 자극하셨다. 섬김의 가르침과 본을 통해 그들의 권력 지향적 가치를 버리도록 인도하셨으며, 하나님 나라를 선포하심으로 그들의 정치성을 넘어서도록 격려하셨다. 예수의 제자들을 보면 자신의 진영 밖으로 나간다는 것이 얼마나 어려운지를 다시 한번 확인할 수 있다. 하지만 부활하신 예수를 만난 후 예수의 제자들은 자신의 진영 밖으로 나가 세상 속에서 스스로 주변인이 되어 예수의 복음 전하기를 주저하지 않았다. 밀실 안에 갇힌 주변인이 아닌 밀실의 경계를 넘어 광장 속으로 나가 세상을 변화시켰다. 이러한 제자 공동체는 예수가 추구하고 선포했던 하나님 나라의 모습이다.

이처럼 진영 밖으로 나가는 것이 주변성이 초래하는 비인간화를 극복하는 길이다. 하지만 구원과 해방으로 인도하는 이 길은 좁고

험하다. 이상현은 이러한 자신의 이민 신학적 사유를 통해 한인 이민자들도 자신들의 종족성, 종교성, 문화와 가치 등을 넘어서야 한다고 주장한다. 진영 밖으로 나가 타자를 수용하고 포용할 때, 우리의 주변성은 더 이상 차별과 소외의 원천이 아닌 새로운 창조의 시작점이 될 수 있다. 이때 이민자는 더 이상 문화적인 섬으로 게토화되거나 누군가 찾아주기를 원하는 수동적인 섬 사람으로 머물지 않고, 다른 섬으로 건너갈 수 있는 능동적 순례자가 될 수 있다. 예수는 순례자셨다. 하여 이상현은 '순례자 예수'를 강조한다. 순례자 예수는 자신의 진영 밖으로 나가 타자를 찾아 나서는 예수의 삶의 진수를 담아내는 이미지이다. 진영 밖을 나가면 죽을 것 같지만, 진영 밖으로 나가야 진정한 영향력과 생명력을 흘려보낼 수 있음을 순례자 예수의 삶은 우리에게 잘 보여주고 있다. 필자는 박사학위(Ph.D.)를 마치자마자 호주인 회중들을 섬기는 지역 교회 담임목사로 청빙 받게 되었다. 학위를 마친 후 처음으로 부르신 자리이기에 순종하는 마음으로 시작한 지 어느덧 10년이 되어간다. 한 번도 생각해 보지 않은 호주교회 담임 목회를 감당하면서 "하나님은 왜 나를 이 현장에 부르셨을까? 왜 유창한 한국어가 아닌 서툰 영어로 목회하게 하실까?" 끊임없이 질문하며 성찰해 왔다. 이상현의 '진영 밖으로 나가 그 경계를 허무는 주변인' 개념은 이러한 나의 질문에 귀한 실마리를 제공하였다: "하나님은 나를 진영 밖으로 불러내셨구나. 하나님은 내가 창조적인 주변인, 타자를 향해 나아가는 능동적 순례자되기를 원하시는구나!" 모압인이자 유대인이었던 룻처럼, 호주와 한국 경계 언저리에 머물지 않고 한국인이면서 호주인으로 살아가기를, 하여 나만이 기여할 수 있는 일을 해내라고 보내신 하나님의 뜻을 깨닫게 되었다. 이것이야말로 예수께서 당신의 제자들을 진영 밖으로 불러내신 이유다.

### 3) 앤드류 성 박

한국계 1.5세 신학자인 앤드류 성 박[6]은 이민자들의 주변성과 이로 인한 깊은 상처와 아픔을 '한'의 개념을 사용하여 신학적으로 진술하였다. 한의 사전적 의미는 '몹시 원망스럽고 억울하거나 안타깝고 슬퍼 응어리진 마음'이다.[7] 이러한 한의 사전적 의미는 주변인으로서 이민자들이 겪는 상처와 아픔이 얼마나 강렬하고 뿌리

---

6 이곳에 제시한 앤드류 성 박의 이민 신학적 통찰은 그의 책, *The Wounded Heart of God: The Asian Concept of Han and the Christian Doctrine of Sin* (Nashville, TN: Abingdon, 1993)과 *From Hurt to Healing: A Theology of the Wounded* (Nashville, TN: Abingdon, 2004)에 기반한다. 앤드류 성 박의 '한의 신학'에 대해 처음 접한 것은 2002년 장신대 신대원 3학년 때 "선교신학" 수업에서였다. 그 이후로는 잊고 있었다가 10년이 지난 후 박사학위 논문과 관련하여 두 책을 읽으면서 뒤늦게 앤드류 성 박의 신학적 창조성에 놀랐던 기억이 난다. 특히 이민자로 살아가면서 그의 '한의 신학'에 더욱 공감하게 되었다.

7 국립국어원, "표준국어대사전," https://stdict.korean.go.kr/search/search-Result.do(accessed 12 October, 2023).

깊은지를 잘 보여 준다. 즉, 주변인이 당하는 차별과 소외 그리고 이로 인해 그들이 느끼는 억울하고 원망스런 감정은 일시적인 것이 아니라 오랫동안 쌓이고 쌓여 응어리진 마음이라는 사실이다. 그 결과 어느 순간에는 내가 당하는 불의와 불합리가 자연스런 일상이 되어 그것들에 순응하는 것 같지만, 여전히 내적으로 깊이 파인 상처는 여물지 않았기에 만성적으로 아프면서도 그 이유를 인식하지 못한다. 이러한 감정 상태를 한이라는 개념으로 표현하고 있다. 이러한 신학적 사색은 1.5세 이민자로서 녹록하지 않았던 자신의 삶의 여정과 수많은 1세대 이민자들의 피와 눈물을 보고 들은 경험에 기반하고 있을 것이다. 여기서 주목할 만한 점은 앤드류 성 박의 신학적 관심이 단순히 이민자의 뿌리 깊은 감정을 한으로 설명하는 것을 넘어, 어떻게 그 한을 치유할 것인가로 확장된다는 사실이다. 이를 위해 그는 회개와 용서에 대한 신학적 패러다임 안으로 한의 담론을 가지고 온다. 왜냐하면 회개와 용서에 대한 신학적 패러다임이 변화되어야 한의 해결이 가능하다고 믿기 때문이다.

앤드류 성 박은 회개와 용서에 대한 전통적인 신학적 패러다임을 '가해자 중심의 신학'으로 명명한다. 가해자 중심의 신학에서의 회개와 용서는 철저히 가해자 중심적이다. 즉, 하나님께 죄를 회개하면 피해자의 회복과 용서에 상관 없이 하나님의 용서를 받는다는 개념이다. 이처럼 가해자 중심의 신학에서는 피해자의 상황이나 반응은 그리 중요하지 않다. 피해자의 한과 아픔은 가해자의 회개와 하나님의 용서라는 도식 아래 아무런 목소리를 내지 못한다. 이러한 가해자 중심의 신학을 극적으로 보여주는 영화가 이창동 감독의 〈밀양〉이다. 남편과 사별한 후 신애(전도연)는 어린 아들과 함께 고향인 밀양으로 내려와 새로운 삶을 시작한다. 그러나 불행하게도 어린 아들이 납치되어 살해당하는 끔찍한 일을 겪는다. 신애는 지푸라기라도 잡는 심정으로 교회에 출석하게 되고, 점점 신앙심을 키우게 된다. 하나님의 은혜로 아들을 잃은 슬픔을 조금씩 극복하게 되면서 감옥에 수감된 살인자를 방문하여 그를 용서하겠다는 결단을 하게 된다. 용기를 내어 살인자를 면회한 신애는 눈앞에서 믿을 수 없는 광경을 목도한다. 어렵게 결단하여 그를 용서하려고 갔는데, 살인자는 이미 하나님이 자신을 용서해 주셨다고, 자신은 하나님의 은혜로 이미 평안하다고 떠들어댄다. 신애는 자리를 박차고 나와서 미친듯이 하늘을 향해 하나님께 소리친다: "당신이 뭔데 내가 용서하지 않은 사람을 용서할 수 있느냐?" 신애는 피해자의 아픔에는 관심 없는 그런 비인격적인 하나님을 더 이상 믿을 수 없어 떠난다. 이 영화가 보여주는 살인자의 고백은 전형적인 가해자 중심의 신학이다. 가해자 중심의 신학은 제국주의적 신학의 부산물이다. 역사적으로 소위 기독교 국가들이 제국주의를 지향하고 수많은 나라들을 식민지로 삼아 착취해 왔다. 교회는 선교라는 이름으로 제국주의적 식민 정책을 합리화하고 정당화했는데, 이때 가해자 중심의 신학은 정복자들에게 간편하게 면죄부를 제공해 주었다.

어떤 죄를 지었건 간에 하나님께만 회개하면 용서받을 수 있기에 피해자의 회복에는 무관심하거나 무책임할 수 있는 신학적 기반을 제공해 주었다. 하지만 이는 전혀 성경적이지 않은 신학이다. 성경은 죄를 해결할 때 반드시 피해자가 받은 피해의 보상을 해야 한다고 명하고 있다. 즉, 피해자의 회복에 책임을 져야 한다는 의미다. 이것이 우리가 믿는 사랑과 정의의 하나님이 생각하시는 회개와 용서다. 이러한 하나님의 용서는 레위기 율법에 명료하게 드러난다. 레위기 6장은 다음과 같이 기록하고 있다: "여호와께서 모세에게 말씀하여 이르시되, 누구든지 여호와께 신실하지 못하여 범죄하되 곧 이웃이 맡긴 물건이나 전당물을 속이거나 도둑질하거나 착취하고도 사실을 부인하거나, 남의 잃은 물건을 줍고도 사실을 부인하여 거짓 맹세하는 등 사람이 이 모든 일 중의 하나라도 행하여 범죄하면, 이는 죄를 범하였고 죄가 있는 자니 그 훔친 것이나 착취한 것이나 맡은 것이나 잃은 물건을 주운 것이나 그 거짓 맹세한 모든 물건을 돌려보내되 곧 그 본래 물건에 오분의 일을 더하여 돌려보낼 것이니 그 죄가 드러나는 날에 그 임자에게 줄 것이요. 그는 또 그 속건제물을 여호와께 가져갈지니 곧 네가 지정한 가치대로 양 떼 중 흠 없는 숫양을 속건제물을 위하여 제사장에게로 끌고 갈 것이요. 제사장은 여호와 앞에서 그를 위하여 속죄한즉 그는 무슨 허물이든지 사함을 받으리라"(레 6:1-7). 이처럼 하나님의 용서는 피해자 중심의 용서다.

그렇기에 앤드류 성 박은 회개와 용서에 대한 신학적인 변혁이 절실하다고 주장한다. 즉, 가해자 중심의 신학에서 피해자 중심의 신학으로의 변화다. 가해자 중심의 신학으로는 한이 결코 해결될 수 없기 때문이며, 무엇보다 한의 해결의 열쇠는 피해자가 쥐고 있기 때문이다. 하나님 앞에서의 진정한 회개는 피해자의 한의 해결, 곧 상처 회복이며, 이를 통해서만 가해자의 죄가 해결될 수 있다. 피해자의 용서와 포용이 없는 가해사의 독단적인 용서에 대한 감정 혹은 확신은 가짜다. 그러나 지금껏 가해자 중심의 용서로 하나님의 용서를 왜곡하면서 가짜 용서가 판을 치게 되었다. 제국주의의 기치 아래 얼마나 많은 교회와 선교사들이 하나님의 이름으로 악행을 저질렀고, 피해자의 회복과 용서와는 상관없는 가해자 중심의 비성경적인 용서로 피해자들을 능멸해 왔는가? 이러한 제국주의적 선교, 십자군 전쟁 식의 공격적 선교 방식에 대한 자성의 목소리가 커지면서 이제는 선교의 주인은 하나님임을 고백하는 '하나님의 선교'(Missio Dei) 개념이 자리를 잡고 있다. 이와 궤를 같이하여 용서의 개념 또한 가해자 중심의 값싼 용서에서 피해자의 회복과 용서에 기반한 참된 용서로 바뀌어야 한다. 그래야 회개와 용서 가운데 진정한 화해와 회복이 가능하다. 피해자의 회복과 용서에 중점을 둔다면, 가해자는 무엇보다 피해자를 찾아가 사죄하며 그의 이야기를 들을 것이다. 이야기를 들으면서 자신이 인지하지 못한 죄까지도 인식할 것이고, 이러한 인식의 확장은 참된 회개를 위한 귀한 자양분이 될 것이다. 더 나아가 피해자의 회복을 위해 그 상처를 치유하려고 노력하는 과정에서 가해자와 피해자의 관계까지도 회복되는 역사가 일어날 것이다. 이것이야말로 피해자의 한이 해결되는 과정이며, 가해자가 참된 용서를 받는 길이다. 이렇게 한이 해결된 피해자는 '상처 입은 치유자'가 되어 자신과 같은 피해자들을 돕고 그들의 회복을 치유하는 통로로 설 수 있게 된다.

이러한 신학적 사색에 기반하여 앤드류 성 박은 한이 해결되는 과정으로 네 단계를 제시한다. 첫 번째는 '깨닫기' 단계로서 한을 깨닫는 과정이다. 그는 한의 해결은 피해자와 가해자의 대화와 협력을 통해서만 가능하다고 주장한다. 따라서 여기서는 피해자와 가해자 양쪽에게 나름의 깨달음의 과정이 요구된다. 피해자는 한의 현실과 요인들을 깨달아야 한다. 자신이 왜 아파하고 절망하며 고통 가운데 있는지를 깨달아야 치유의 과정이 시작된다. 반면 가해자는 자신이 만들어 낸 한의 결과들을 목도해야 한다. 자신의 잘못으로 어떤 이가 아픔을 겪고 있다는 사실을 마주하고 인정해야 죄의 결과물에 대해 깨달을 수 있다. 이 지점이 후회와 회개가 비로소 시작되는 순간이다. 진정한 회개는 피해자가 받은 물질적, 정신해 피해를 보상하는 것에서부터 시작돼야 하는데, 피해자의 아픔을 목도하는 것은 이러한 회개를 위해 반드시 선행되어야 할 과정이다.

두 번째 단계는 '이해하기'이다. 첫 번째 깨닫기가 목도하고 인식하는 것이라면, 이해하기는 보다 통전적인 이해를 의미한다. 앤드류 성 박은 통전적인 이해를 위해서 이성적으로 이해하기, 직관적으로 이해하기 그리고 성육신적으로 이해하기가 요구된다고 말한다. 이성적인 이해란 추리, 연상, 판단 등의 사유 과정을 거치는 이해를 말한다. 반면 직관적인 이해란 이러한 사유 과정을 거치지 않고 대상이나 상황을 직접적으로 파악하는 것으로 오랜 경험이나 본능적인 감각에서 나오는 촉 혹은 감을 의미한다. 성육신적 이해란 신학적인 개념인데, 실천이나 참여를 통한 이해를 말한다. 어떤 배움이나 확신이 삶에서 실천되었을 때, 머릿속에만 있던 추상적인 이해가 보다 구체화되고 심화되거나 혹은 새로운 통찰들이 생기는 경우가 있다. 이것이 성육신적 이해이다. 이성적인 이해와 직관적인 이해가 주관적이라면, 성육신적 이해는 주관적인 이해의 객관화라 할 수 있다. 이처럼 피해자가 자신의 아픔과 상처, 즉 한에 대해서 이성적, 직관적, 성육신적으로 이해할 때, 첫 번째 단계인 깨닫기를 통해 인식하기 시작한 자신의 내면을 보다 구체적이면서도 통합적으로 들여다볼 수 있게 된다. 한편 이 단계에서 가해자는 자신의 폭력과 악한 행위로 초래한 피해자의 고통을 이성적, 직관적, 성육신적으로 이해할 때, 깨닫기를 통해 목도하게 된 피해자의 한의 현실을 더욱 깊게 체감하게 될 것이다.

세 번째 단계는 '새로운 세계관을 그리는 것'이다. 두 번째 단계인 이해하기를 통해 한을 깊게 이해하고 객관화했다면, 이 단계에서는 이러한 통전적인 이해를 바탕으로 새로운 세계관을 만들어 간다.

피해자에게 이 과정은 한의 경험으로 어떻게 이 세상을 살아갈 것인가에 대한 문제이다. 예전에는 자신의 아픔과 상처를 깨닫지도 객관화하지도 못했기에, 그저 약자와 주변인으로 그 고통을 참고 감내할 수밖에 없었을 것이다. 그러나 자신의 한을 깨닫고 통전적으로 이해하게 되면서 피해자는 한의 족쇄에 매여 있던 자신의 상태를 인식하고 그 사실을 인정하며 세상과 마주한다. 이제는 자신의 가슴에 박힌 대못의 정체를 인지하게 되었다. 설령 회복의 과정을 통해 그 못이 빠졌어도 여전히 남아있는 상흔을 인식하면서 세상을 바라보게 된다. 이는 세상을 바라보는 시각의 극적인 패러다임의 전환이다. 한의 상처와 흔적, 회복과 여전한 한계 인식은 자신과 세상을 새롭게 바라보게 함으로써 이전에는 생각하지 못한 통찰과 함의를 발견하게 한다. 이를 통해 피해자는 세상의 구조적인 악과 한의 문제를 직시하게 되면서 자신과 같은 약자와 주변인이 수도 없이 많다는 현실을 깨닫게 된다. 이는 한으로 고통 당했던 '피해자'가 '상처 입은 치유자'로 거듭나는 중요한 배움과 결단의 과정이 된다. 반면 가해자에게 이 단계는 어떤 의미인가? 한을 해결하는 과정에서 가해자가 그려야 할 새로운 세계관은 자신의 폭력이 누군가에게 큰 상처가 될 수 있다는 것 그리고 그 상처와 아픔이 결국 나에게까지 영향을 미칠 수밖에 없다는 것을 인지하는 것이다. 우리는 모두 어떤 식으로든 서로 연결되어 있기 때문이다. 이는 무엇보다 역사가 우리에게 주는 교훈이기도 하다.

마지막 단계는 '연민으로 저항하는 것'이다. 이 단계는 한이 개인적인 차원을 넘어 구조적인 문제라는 인식에서 시작된다. 즉, 한의 상처와 아픔은 한 개인이 못나서, 운이 없어서, 가난해서, 문제가 있어서, 상황이 안 좋아서 생기는 문제가 아니라 사회 시스템의 문제로 발생하는 구조적인 현상이라는 사실이다. 연민으로 저항한다는 것은 이 악한 구조와 문화에 대한 저항이다. 한을 개인적인 것으로 치부하면, 개인들은 모두 각자도생하게 되고 구조적인 악에 대한 연대와 협력은 불가능하다. 한의 궁극적인 해결은 한을 발생시키는 시스템에 대한 개혁이라는 점을 고려하면, 피해자는 악한 구조에 연민으로 저항해야 한다. 연민 없이 저항만 한다든지, 저항 없이 연민만 해서는 안 된다. 연민 없는 저항은 과도하게 적대 감정만 양산할 수 있고, 저항 없는 연민은 악한 구조에 불필요한 면죄부를 줄 수 있다. 연민으로 저항할 때 우리는 인식을, 구조를, 사회를 바꿔나갈 수 있고, 또 다른 피해자와 가해자가 나오지 않게 할 수 있다. 이것이 진정한 한의 해결이다. 이때 타민족, 타 인종 공동체와의 연대와 협력을 통해 함께 저항하는 것도 매우 중요하다. 사회의 구조와 인식과 문화를 바꾼다는 것은 쉽지 않고 오랜 시간이 걸리는 일이다. 따라서 주변인으로서 한을 경험하는 소수 민족, 소수 인종들이 서로 분리되어 각자도생하기보다 힘을 합쳐 전략적으로 저항하는 것이 필요하다.

이처럼 앤드류 성 박의 이민 신학적 사색은 이정용과 이상현의 이민 신학적 담론을 한 단계 더 심화시켰다는 데 의의가 있다. 이정용과 이상현이 이민자의 주변성을 신학적으로 분석하고 그리스도인으로서 이 주변성을 어떻게 극복해야 할 것인가에 대한 신학적 통찰을 기독론 중심적으로 제시했다면, 앤드류 성 박은 이민자의 주변성을 한의 관점을 통해 사회심리적으로 접근하였다. 한을 개인적인 차원과 공동체적인 차원으로 나누어서, 이민자가 겪는 주변성의 집단적이고 구조적인 면을 부각시킨 부분도 높이 평가 받을 만하다. 한은 개인적인 아픔이면서 구조적인 불의이기에 한의 해결을 위해서는 구조적인 불의에 대한 연민 있는 저항이 있어야 한다는 사실을, 더 나아가 가해자 중심에서 피해자 중심으로의 용서에 대한 신학적 변화까지도 필요하다는 통찰을 제시하고 있다. 이를 통해 앤드류 성 박의 이민 신학은 이민자의 상처와 한을 치유하고 회복할 수 있는 신학적 토대를 제공한다. 주변인들의 집합체인 이민 교회는 이러한 한에 대한 이해와 용서에 대한 신학적 패러다임의 변화에 민감할 필요가 있다. 주변인의 삶을 살아가는 이민자는 늘 불평등과 편견에 노출되어 크고 작은 상처를 받으며 살아갈 수밖에 없기 때문이다. 만약 이민 교회가 여전히 서구 중심적인 가해자 중심의 용서를 가르친다면, 소수 민족 주변인으로 살아가는 이민자들의 한은 방치될 가능성이 높다. 물론 이민 생활에서 노출되는 크고 작은 폭력과 편견의 가해자는 주류 인종 혹은 민족일 것이다. 이들이 가해자 중심의 신학에 뿌리내리고 있다면, 이민자와 이민 교회가 피해자 중심의 용서 개념을 확립해도 가해자의 진정한 회개를 통한 참된 회복은 요원해 보인다. 그럼에도 피해자가 피해자 중심의 용서 개념을 이해하고 있을 때, 가해자 중심의 이기적인 회개에 부딪히더라도 자기 자신을 보호할 수 있다. 뿐만 아니라 동료 이민자들과 소외계층인 다른 소수 민족들에게 피해자 중심의 신학으로 나아갈 수 있다. 이는 가해자 중심의 신학적 폭력을 반복하지 않고 끊어낼 수 있는 중요한 신학적 결단이라 할 수 있다. 이를 통해 이민자와 이민 교회는 폭력을 재생산해 내는 집단이 아닌 상처받은 치유자의 삶을 추구하는 새로운 주변인으로 거듭날 수 있을 것이다.

### 4) 안성호

안성호[8]의 이민 신학은 위에서 소개한 이정용, 이상현, 앤드류 성 박의 이민 신학과 여러 가지 점에서 독특성을 가진다. 우선 이정

---

[8] 여기서 소개하는 안성호의 신학은 2023년 4월 1일에 한국 로잔위원회가 주최한 안성호 박사의 강연, "디아스포라 신학: 흩어진 & 파종을 받은 공동체"에 기반한다. 강연을 듣고 그의 디아스포라 선교신학에 큰 감명과 도전을 받고, 안성호 박사에게 직접 연락하여 관련 논문이나 책이 있는지 문의할 정도였다. 아직까지 출판된 논문이나 책이 없어서 아쉬웠지만, 그의 이민 신학적 통찰을 나누고 싶어 그의 강연을 중심으로 그의 신학을 이곳에 소개한다. 머지않아 그의 디아스포라 신학 연구들이 책과 논문으로 출판될 것을 기대한다.

용, 이상현, 앤드류 성 박이 조직신학자로서 조직신학적 관점에서 이민 신학을 다루고 있다면, 안성호는 선교신학자로서 선교신학적 관점에서 이민 신학을 다루고 있다. 위의 세 학자가 미국 한인 이민자 1세 혹은 1.5세로서 미국적 상황에서의 이민 신학적 고민과 통찰을 제시하고 있다면, 안성호는 선교사로 동남아시아, 중앙아시아, 유럽, 미국 등 세계 곳곳에서 사역한 경험을 바탕으로 이민 신학적 화두를 다루고 있다. 그러므로 안성호는 '이민 신학'이라는 단어를 사용하지 않고, '디아스포라 신학'이라는 용어를 사용한다. 이를 통해 선교적 관점에서 이민자와 이민 교회가 스스로를 어떻게 이해하고 어떤 정체성을 정립해 나가야 할 것인가에 대해서 깊이 있게 연구하고 있다. 그는 디아스포라 신학을 이야기하면서 궁극적으로 디아스포라 선교에 집중한다. 주변인으로서의 이민자가 갖는 특수성을 어떻게 선교적으로 풀어낼 것인가에 대한 선교학자의 해석이라는 점에서 그의 이민 신학적 노력은 또 다른 통찰을 제공한다.

안성호의 디아스포라 신학은 삼위일체 하나님으로부터 시작한다. 그에게 삼위일체 하나님은 곧 선교하는 하나님이시다. 삼위일체 교리를 이해한다는 것은 쉽지 않다. 325년 니케아 공의회부터 시작된 삼위일체 논쟁이 126년 후인 451년 칼케돈 공의회에서 일단락이 났지만, 그 이후에도 삼위일체 교리는 많은 이단의 끊임없는 공격을 받아 왔다. 삼위일체 교리를 믿는 기독교인들 또한 그 교리를 제대로 이해하고 설명하는 것은 쉽지 않았다. 하여 위르겐 몰트만은 하나님의 삼위일체를 '신비'로 규정하고, 우리는 삼위일체의 신비 속에서 구원하시는 하나님의 사랑을 발견하게 된다고 주장한다. 몰트만의 주장 안에는 삼위일체에 대한 사변적인 신학 논쟁으로 인해 삼위일체의 핵심인 하나님의 성품을 놓쳐서는 안 된다는 통찰이 자리하고 있다.[9] 안성호는 '구원하시는 하나님의 사랑'을 하나님의 선교, 즉 온 세상 만물과 화해하시는 하나님의 열심으로 이해한다. 그에게 삼위일체 하나님은 선교하시는 하나님 이다. 왜 성부 하나님과 성자 예수님과 성령님이 하나가 되셨는가? 우리를 구원하시는 선교를 위해서다. 삼위일체 하나님이 선교하시는 하나님이라면, 삼위일체 하나님을 신앙하는 모든 그리스도인은 하나님의 선교에 참여하는 선교하는 백성들이 되어야 한다. 더 나아가 삼위일체 신비 안에서 우리는 하나님이 일하시는 방식을 배울 수 있다. 삼위일체 신비의 핵심 중의 하나는 '다양성 속에서의 하나됨'과 '하나됨 안에서의 다양성'이다. 성부, 성자, 성령은 모두 다른 위격이지만 사랑과 구원의 열정 안에서 하나되셨고, 하나됨 속에서도 서로의 차이와 독특성을 존중하시고 침해하지 않으신다. 이렇게 '다양성 속에서의 하나됨'과 '하나됨 안에서의 다양성'을

---

9 위르겐 몰트만의 삼위일체에 대해서는 다음 두 논문을 참조하라. 김명용, "몰트만의 삼위일체론," 「장신논단」 17(December 2001): 107-129; 신옥수, "몰트만의 사회적 삼위일체론: 비판적 대화를 중심으로," 「장신논단」 30(December 2007): 203-239.

추구하는 삼위일체 하나님의 존재와 협력 방식은 당신의 백성들이 어떻게 살아야 하는지를 잘 보여준다. 우리 가운데 발견되는 다양성과 차이들은 진정한 하나됨을 위해 인정받고 존중받아야 하며, 그러한 다양성과 차이들은 하나님 안에서 하나되는 데 걸림돌이 되어서는 안 된다. 그럴 때 우리는 하나님의 선교에 함께 참여하여 하나님께 사용 받는 귀한 통로들이 될 수 있을 것이다. 이처럼 하나님의 삼위일체 되심은 단순한 사변이 아니라 우리가 살아가야 할 방식이다. 이분법적인 흑백논리로 나와 다른 차이들을 비난하고 잘못된 것이라 말하기보다 개방된 마음으로 상대방의 있는 모습 그대로를 인정하고 받아들이는 태도가 삼위일체적인 태도라 할 수 있다. 교회 안에 많은 다툼이 있고, 쉽게 갈라지고 분열되어 온 이유는 우리가 삼위일체적인 삶이 아닌 이분법적인 삶을 살아왔기 때문이다. 강한 믿음은 결코 타협하지 않는 믿음이라는 생각 아래 나와 다른 생각, 경험, 신앙을 가진 이들의 이야기를 들으려고 조차 하지 않는데, 이런 근본주의적인 신앙은 결코 삼위일체 하나님을 따르는 신앙일 수 없다. 삼위일체 하나님은 차이를 배제하시는 분이 아니라 포용하시는 분이다. 삼위일체 하나님이 우리 신앙의 핵심 토대라면, 우리 또한 나와 다른 색깔을 쉽게 배제할 것이 아니라 존중하고 포용하려고 노력해야 한다. 하나님처럼 '다양성 속에서의 하나됨'과 '하나됨 안에서의 다양성'을 추구하는 백성들이 되어야 한다. 이렇게 삼위일체적 삶을 살아갈 때, 나와 다른 사람들을 존중하고 포용하며 그들에게 하나님의 사랑과 정의를 전달할 수 있다.

안성호는 선교하시는 삼위일체 하나님에 대한 자신의 해석을 더욱 확장시킨다. 선교하시는 삼위일체 하나님은 세상 모든 민족의 있는 모습 그대로를 존중하고 포용하시는데, 소극적으로 자신에게 나아오는 이들을 기다리시는 것이 아니라 적극적으로 그들의 삶의 현장으로 찾아가신다. 그러므로 안성호는 선교하시는 삼위일체 하나님을 '디아스포라 하나님'이라고 명명한다. 디아스포라의 하나님은 흩어진 자들을 찾아가시는 '선교사로서의 하나님'을 상징한다. 하나님은 당신의 백성들을 흩으시면서 그들을 통해 일하시고 하나님의 나라를 확장하신다. 성경에는 흩으시는 하나님에 대한 이야기가 많다. 대표적인 예가 바벨탑 사건이다. 이 사건은 흩으시려는 하나님과 뭉쳐서 흩어지지 않으려는 인류와의 대결 구도를 보여 준다. 바벨탑 사건 이전의 인류의 역사는 단일 문화, 단일 언어, 단일 종족, 단일 지역사회였다면, 바벨탑 사건 이후의 인류는 다문화, 다언어, 다종족, 다 지역사회로 근본적인 변화를 겪는다. 이는 바벨탑으로 상징되는 하나님을 대적하는 문화를 깨트리시고 흩으심으로, 하나님과 화목하는 새로운 문화를 시작하시려는 하나님의 의지가 드라마틱하게 드러난 사건이었다. 창세기 11장에 기록된 바벨탑 이야기 바로 다음 장에서는 아브라함의 떠남이 기록되어 있다. 하나님은 아브라함에게 말씀하셨다: "너는, 네가 살고 있는 땅과, 네가 난 곳과, 너의 아버지의 집을 떠나서, 내가 보여주는 땅으로 가거라. 내가 너로 큰 민족이 되게 하고, 너에게 복을 주어서, 네가 크게 이름을 떨치게 하겠다. 너는 복의 근원이 될 것이다. 너를 축복하는 사람에게는 내가 복을 베풀고, 너를 저주하는 사람에게는 내가 저주를 내릴 것이다. 땅에 사는 모든 민족이 너로 말미암아 복을 받을 것이다"(창 12:1-3). 11장 바벨탑 사건이 인류를 흩으심으로 새로운 문화의 시작을 알렸다면, 12장은 당신의 백성을 흩어 보내시는 하나님의 최초의 초대가 기록되어 있다. 이 부분을 안성호는 "흩어진 디아스포라를 위해 디아스포라가 돼라"는 하나님의 선교적 명령으로 해석한다. 아브라함에게 주신 선교적 명령과 선교적 언약은 이삭, 야곱, 요셉 등을 통해 계승되었고, 예수 그리스도를 통해 꽃을 피우고, 예수의 제자 공동체를 통해 확장되었다. 특히 예수의 승천 이후 마가의 다락방에 모여 기도하던 제자들에게 내린 성령 사건과 이를 통한 각 나라의 방언들로 복음이 온 세상에 전해진 사건은 당신의 백성들을 선교적 디아스포라 공동체로 부르시는 하나님의 뜻을 잘 드러내고 있다. 성령강림 사건 이후 예루살렘의 제자들은 핍박을 피해 사방으로 흩어졌고, 이러한 흩어짐은 안디옥 교회와 바울을 통해 땅끝까지 이르게 되었다. 이처럼 하나님은 당신의 백성들이 선교적 디아스포라 공동체가 되기를 원하신다. 아브라함처럼 디아스포라를 위해 디아스포라가 되는 삶, 이것이 선교적 삼위일체 하나님을 믿고 하나님의 선교에 참여하는 방식이다. 여기서 주목할 만한 점은 삼위일체 하나님은 예수의 성육신을 통해 디아스포라를 위해 스스로도 디아스포라가 되셨다는 사실이다. 안성호는 이러한 하나님의 선교 방식에 초점을 맞추고 요한복음 20장 21절 말씀을 해석한다. 부활하신 후 제자들에게 나타나신 예수님은 다음과 같이 말씀하셨다: "예수께서 또 이르시되 너희에게 평강이 있을지어다 아버지께서 나를 보내신 것 같이 나도 너희를 보내노라"(요 20:21). 이 구절의 핵심은 "아버지께서 나를 보내신 것 같이 나도 너희를 보낸다"는 부분이다. 하나님은 예수를 어떻게 보내셨나? 세상 속으로 흩으셨다. 아브라함이 본토 친척 아비 집을 떠나 당신이 보여 주는 땅으로 떠나도록 흩으셨듯이, 본래 하나님과 본체이신 예수를 종의 형체를 가진 사람의 모습으로 이 땅 가운데 보내셨다. 즉, 예수도 흩어진 디아스포라를 위해 디아스포라가 되게 하신 것이다. 이것이 하나님이 예수를 보내신 방식이다. 이 방식대로 예수는 자신의 제자들을 디아스포라로 흩어지게 하셨다. 이처럼 스스로 흩어지심으로 흩어진 자들의 본이 되신 하나님은 지금도 당신 자신과 당신의 백성들을 흩으시며, 흩어진 자들을 섬기신다. 요한계시록 7장에 기록된 요한 사도가 본 환상은 온 열방에 흩어진 디아스포라를 향한 하나님의 선교의 목적을 분명하게 보여준다: "이 일 후에 내가 보니 각 나라와 족속과 백성과 방언에서 아무도 능히 셀 수 없는 큰 무리가 나와 흰 옷을 입고 손에 종려 가지를 들고 큰 소리로 외쳐 이르되 구원하심이 보좌에 앉으신 우리 하나님과 어린 양에게 있도다 하니"(계 7:9-10).
디아스포라를 위해 먼저 디아스포라가 되게 하시는 하나님의 선교
를 안성호는 '파종'이라는 개념으로 설명한다. 하나님의 뜻에 따라
흩어진 모든 하나님의 백성들은 파종된 선교적 공동체라는 것이다.
여기서 파종 개념은 '파송'과 비교했을 때 의미가 명확해진다. 파송
이 sending, 즉 보내는 것이라면, 파종은 scattering, 흩어뿌리는
것이다. 우리는 선교를 선교사를 파송하는 행위와 연결해서 생각하
는 경향이 있다. 선교하는 자는 선교사로 파송 받은 자라는 정체성을
가진다. 그러나 안성호는 우리는 모두 하나님의 선교를 위해 파종
받은 자라고 주장한다. 파송은 우리가 원해서 의도적으로 보내어지
는 것이라면, 파종은 우리의 뜻과는 상관없이 비자발적으로 흩어지
는 것이다. 하여 파송된 모든 사람은 파송 받은 사실을 인식하지만,
파종된 이들이 모두 자신이 파종되었음을 인지할 수 있는 것은
아니다. 그러나 파송은 일부 소명 받은 자의 일이라면, 파종은 주님
을 믿는 모든 이들에게 해당된다. 우리는 우리의 뜻과 상관없이
하나님의 뜻 가운데 복음의 씨앗들로 파종되었다. 따라서 우리가
어느 특정한 곳에 서 있는 이유는 우연인 것 같지만 하나님의 뜻에
의해 파종된 것이며, 그곳에서 우리가 뿌리내리고 맺을 열매가
있다는 것이다. 그렇기에 안성호는 그리스도를 아는 모든 이가
선교사이며, 그리스도가 없는 모든 곳이 선교지라고 주장한다. 내
가 파종된 디아스포라임을 인식하고 지금 이곳에서(Here and Now)

하나님의 선교에 참여하는 것이 바로 선교적 삶인 것이다.

그렇다면 파종된 디아스포라인 우리는 어떻게 선교해야 할 것인가? 안성호는 디아스포라 선교의 3단계를 다음과 같이 제시한다. 첫째 단계는 미션 투 디아스포라(Mission to Diaspora)이다. 이 단계는 디아스포라를 '향한' 선교이다. 미전도 타 종족에게 선교사들을 파송하는 것이 전형적인 첫째 단계의 디아스포라 선교다. 이민교회가 한인 이민자들을 위해 섬기는 사역들 또한 이에 해당한다. 이민자들 중 믿지 않는 이들에게 복음을 전한다든지, 신앙을 가진 이민자들을 훈련하고 양육하는 것 모두 미션 투 디아스포라다. 둘째 단계는 미션 트루 디아스포라(Mission through Diaspora)이다. 이는 디아스포라를 '통한' 선교로서, 첫째 단계를 통해 디아스포라에게 복음을 전하고 제자로 삼았다면, 둘째 단계를 통해 그들을 주의 일꾼으로 세우는 과정이다. 미전도 종족에게 복음을 전한 후 현지인들을 목회자 혹은 리더로 훈련시켜서 현지인들을 중심으로, 현지인들을 섬기는 사역으로 나아가는 것이다. 이 단계는 이민교회 선교에 매우 중요하다. 이 과정을 통해 주류 사회와 이곳에 거주하는 수많은 타민족 디아스포라에게 나아갈 수 있기 때문이다. 지금까지 대부분의 한인교회들은 첫째 단계, 즉 미션 투 디아스포라 과정에 머물러 있는 경향이 컸다. 주로 한국말을 하는 한인 이민자들을 섬기는 사역이 주를 이루었고, 그들의 선교는 외국에 있는 선교사들을 돕는 수준을 넘어서지 못했다. 하지만 두 번째 단계인 미션 트루 디아스포라로 넘어가게 되면, 한인 이민자들은 한인교회의 울타리를 넘어 지역 공동체로 들어가게 된다. 디아스포라인 각 이민자들이 또 다른 디아스포라를 섬기는 것이다. 이때 현지 언어에 능통한 1.5세와 2세의 선교적 잠재력은 무궁무진하다. 그렇기에 모든 이민 교회는 디아스포라 선교 1단계에서 2단계로 넘어갈 수 있도록 이민 신학적 디아스포라 선교 개념을 이해하고 실천해야 한다. 안성호는 여기서 멈추지 않고 디아스포라 선교 세 번째 단계를 제시한다. 미션 비욘드 디아스포라(Mission beyond Diaspora)이다. 미션 비욘드 디아스포라는 디아스포라의 경계를 '넘어가는' 선교이다. 즉, 디아스포라의 문화, 언어, 신학, 세계관, 고정관념 등의 경계를 넘어서는 것이다. 미션 비욘드 디아스포라는 미션 트루 디아스포라의 일진보된 형태이자 미션 트루 디아스포라를 확장·심화시키기 위해 궁극적으로 도달해야 할 단계다. 디아스포라로서 다른 디아스포라를 섬기기 위해서는 자신의 경계를 넘어가는 것이 필수이기 때문이다. 다문화, 다종족, 다언어 사역, 홈리스 사역, 난민 사역 등은 이민 교회 공동체가 할 수 있는 미션 비욘드 디아스포라의 예들이다. 영어가 제2언어인 1세 목회자가 현지 주류 교회의 담임 목회를 한다거나 이민 2세 목회자가 북한 사역에 뛰어드는 것도 자신의 경계를 허무는 미션 비욘드 디아스포라라 할 수 있다. 자신의 경계를 넘어선 미션 비욘드 디아스포라는 파종하시는 하나님이 우리에게 원하시는 궁극적인 모습이다. 하여 하나님은 늘 당신의 일꾼들을 자신의 안전지대로부터 불러내 그 너머로 보내신다. 요셉, 모세, 다니엘 등이 그 대표적인 인물이며, 그들의 사역은 모두 미션 비 욘드 디아스포라였다.

이러한 안성호의 선교신학적 통찰은 이민 신학에 귀한 함의를 제공한다. 이민 신학에서 이민자의 주변성은 아주 중요한 화두이다. 이민자의 주변성과 이로 인한 차별, 단절, 상처 등을 어떻게 신학적으로 해석하느냐가 중요한 과제이기도 하다. 그러니 안성호는 이민자의 주변성보다는 디아스포라성에 초점을 맞춘다. 디아스포라를 하나님의 선교 방식으로 해석하면서, 파종의 개념을 통해 디아스포라 이민자는 선교하시는 삼위일체 하나님에 의해 선교적 목적으로 그곳에 뿌려졌음을 강조한다. 즉, 모든 이민자는 아브라함처럼, 수많은 성경의 인물들처럼, 예수처럼, 예수의 제자들처럼 흩어진 디아스포라를 위해 디아스포라가 된 사람들이다. 이것이 이민자를 포함한 모든 디아스포라의 정체성이다. 이러한 안성호의 이민자의 선교적 정체성과 디아스포라 신학은 이민 신학적 담론에 몇 가지 중요한 의의를 제공한다.

첫째, 그의 신학은 이민자가 처한 주변화를 선교적으로 재해석한다. 즉, 주변인으로서 무시 받고 소외당하는 이민자의 부정적인 상황을 극복할 수 있는 새로운 토대를 제공하고 있다. 이를 위해 안성호는 흩어진 자들의 주변성을 선교적 파종으로 재개념화한다. 이민자의 주변성은 하나님의 선교에 참여하기 위함이라는 것이다.

그러므로 흩어진 디아스포라를 위해, 그들을 찾아가기 위해 우리는 더욱 주변으로 흩어져야 한다. 이때 주변성은 소외가 아닌 연결과 소통의 창구가 된다. 이를 통해 우리는 이민자 공동체가 디아스포라 선교적 공동체임을 이해하게 된다. 소수 인종 이민자 공동체는 주류 사회로부터 게토화되어 쉽게 외딴섬으로 전락하는 경우가 많다. 한인 이민자들도 예외가 아니다. 여러 이민 국가에서 한인 공동체는 늘 문화적 섬으로 게토화되는 문제에서 자유롭지 못해 왔다. 소수 인종, 소수 민족이기에 경험하는 불평등과 편견, 언어 문제, 부족한 다문화 지수 등의 이유로 한인 이민자는 주류 사회로 나아가지 못하고 한인 공동체 안으로 그 삶의 반경이 축소되는 경향이 높았다. 대표적인 것이 이민 교회이다. 미국, 캐나다, 호주, 뉴질랜드 등 한인들이 많이 거주하는 이민 국가들을 보면 많게는 수천 개, 적게는 수백 개의 이민 교회들이 활동하고 있다. 각 나라의 한인 인구수를 고려하면 수많은 한인교회가 우후죽순으로 생겼다가 없어지는 상황들이 반복되고 있고, 한인 이민 교회 수는 다른 여느 민족교회의 수보다 월등히 많다. 한인 인구수에 비해 너무 많은 교회가 있다 보니 대부분의 이민 교회는 인적, 물적 자원이 열악한 미자립교회다. 이러한 현상 뒤에는 한인들의 강한 단일 문화적인 성향, 부족한 영어 능력으로 인한 현지인 교회 출석 거부감, 한국식 교회 문화에 대한 집착 등이 확연히 드러난다. 상황이 이렇다 보니 대부분의 이민 교회는 한국말을 사용하는 한국 사람만을 위한 교회로 굳어졌고, 교회가 뿌리내리고 있는 지역사회와는 별다른 소통과 협력을 하지 않는 그들만의 리그로 전락되는 경우가 다반사이다. 가장 비근한 예가 한인교회들의 불균형적인 선교이다. 많은 이민 교회들의 선교가 해외 선교에 집중되어 있고, 지역 공동체에 대한 선교 비율이 적다. 이는 이민 교회들의 게토화를 보여주는 지표와 같다. 주류 사회에 뿌리내리고 있음에도 지역사회에 대한 관심과 선교적 노력이 매우 적다는 것은 이미 문화적이고 종교적인 섬이 되어버렸다는 방증이다. 이러한 이민 교회의 게토화, 한국인들만을 위한 배타적 교회관은 이민자들이 겪는 주변성을 확대, 재생산한다. 여기에는 한인교회를 한인들만을 위한 안전지대(Comfort Zone)로 바라보는 인식이 깔려 있다. 하지만 안성호의 통찰대로 '주변화'가 선교하시는 하나님의 방식임을 이해할 때, 이민자는 흩어진 선교사요, 이민 교회는 흩어진 선교적 공동체임을 인식하게 된다. 흩어진 선교사로서의 이민자는 다문화 사회에서 거주하는 수많은 디아스포라를 찾아가는 디아스포라가 되어야 한다. 흩어진 선교적 공동체로서의 이민 교회는 안디옥교회처럼 이민자들이 더욱 흩어지도록 격려하고 훈련해야 한다. 그렇기에 한인 이민 교회는 '한국인들만을 위한 교회'라는 민족적 배타성을 벗어던질 수 있어야 한다. 그래야 자신이 뿌리내리고 있는 지역사회의 무수한 타인들을 찾아가고, 소통하며 협력하는 선교의 허브가 될 수 있고, 이것이야말로 선교하시는 하나님의 선교에 참여하는 길이다.

두 번째로 생각할 수 있는 안성호의 이민 신학적 의의는 이민 신학의 통전성 확보이다. 지금까지의 이민 신학은 조직신학적 영역에서 논의되고 발전되어 온 것이 사실이다. 특히 기독론 중심의 이민 신학적 담론이 큰 영향을 미쳐 '주변인 예수', '순례자 예수', '이민자 예수'10 등의 예수 이미지가 이민 신학의 발전에 중요한 역할들을 감당했다. 또한 이러한 조직신학적 담론에 대한 성서적 근거를 위해 성서신학적인 그리고 성서 배경사적인 연구와 토론이 활발하게 진행되어 왔다. 이민자, 이민 공동체, 그들에게 노출된 차별과 소외 등에 대한 성서신학적 해석과 연구는 이민 신학의 깊이와 넓이를 더욱 심화시키고 확장시켰다. 그러나 실천신학적인

---

10 '주변인 예수'와 '순례자 예수'는 이정용과 이상현의 이민 신학에서 각각 살펴볼 수 있었던 개념이다. 반면 '이민자 예수'는 35년 동안 호주에서 한인교회들을 목회한 홍길복이 이민자의 관점에서 예수를 이해하고 예수를 통해 이민자를 이해하려고 강조했던 신학적 이미지이다. 홍길복은 더 나아가 '동양인 예수'를 주장하였는데, 이를 통해 서양 주류 문화와 동양의 한국 문화 간의 간격을 극복하려고 노력하였다. 이는 양 문화 사이에 끼어 양자택일의 삶을 강요받는 한인 이민자의 상황에 대한 그의 신학적 해답이었다. 흥미로운 점은 "이민자 예수"는 그의 설교 1집의 제목이고, "동양인 예수"는 그의 설교 3집의 제목이라는 사실이다. 이를 통해 자신의 이민 신학적 성찰을 설교와 교육을 통해 지속적으로 나누고 이민 신학적 담론을 확장하려 했던 그의 이민 신학적 노력을 잘 엿볼 수 있다. 참조. 홍길복, 『홍길복 목사 설교 1집: 이민자 예수 — 호주의 한인 강단 위에서』 (서울: 양서각, 1986 / 서울: 한국장로교출판사, 2008); 홍길복, 『홍길복 목사 설교 3집: 동양인 예수』 (서울: 도서출판 사랑마을, 1994 / 서울: 한국장로교출판사, 2009).

관점에서의 이민 신학적 연구는 상대적으로 미흡했다. 그러다 보니 조직신학과 성서신학의 축에 큰 무게감이 실리고, 실천신학적인 축이 빈약하면서 이민 신학의 통전성을 이루는 것이 쉽지 않았다. 이런 점에서 안성호의 디아스포라 신학은 이민 신학의 통전성을 담보하는 데 큰 기여를 하였다고 본다. 실천신학적 관점에서 이민자와 이민 교회를 어떻게 해석하고 이해해야 할지, 이민자와 이민 교회는 어떻게 머리 되신 그리스도의 손과 발이 될 수 있는지에 대한 많은 통찰과 함의를 안성호의 신학에서 찾을 수 있다. 이러한 실천신학적 관점은 기존의 조직신학적이고 성서신학적인 담론에 통전적인 시각을 더함으로써 기존의 연구에 새로운 통찰과 모티브를 제공할 수 있다.

안성호처럼 선교신학적인 관점에서 이민 신학의 담론을 발전시키고 있는 안교성의 예도 흥미롭다.[11] 오랫동안 몽골 선교사로 사역했던 안교성은 한국에 거주하는 외국인들의 삶과 정착에 많은 관심을 기울여 왔고, 이들의 국내에서의 이민 생활을 신학적으로 해석하여 외국인 사역들을 활발하게 감당하는 교회들을 위한 신학적 토대를 제시하였다. 그는 이러한 신학적 작업을 '이주민 신학'으로 명명하면서 기존의 이민 신학과 차별화한다. 외국에 이민을 간 한국인들

---

11 이곳에서 소개할 안교성의 이민 신학적 사상은 다음 논문을 참조하였다. 안교성, "한국의 디아스포라 신학 발전에 관한 한 소고," 「장신논단」 46(2)(June 2014): 89-113.

이 이민자의 입장에서 신학적으로 사고하고 고민해 온 결과가 이민 신학이고, 국내로 이주한 외국인들이 정착하고 뿌리내리는 과정을 신학적으로 해석한 작업이 이주민 신학이다. 즉, 이민 신학은 한인 이민자로 외국에서 어떻게 살아가야 할 것인가에 대한 신학적 해석 이라면, 이주민 신학은 외국 이민자들이 한국 내에 어떻게 정착해야 할 것인가에 대한 신학적 담론이다. 안교성은 이민 신학과 이주민 신학을 아우르는 개념으로 디아스포라 신학이라는 용어를 사용한 다. 안성호에게 디아스포라 신학은 흩으시며 선교하시는 하나님의 선교 방식과 흩어진 자들의 선교적 사명에 초점이 맞춰져 있다면, 안교성의 디아스포라 신학은 우리 밖으로 흩어진 자와 우리 안으로 흩어진 자를 이중적으로 이해할 수 있는 틀을 제공한다. 이민 신학에 서 우리는 주변인이지만, 이주민 신학에서 우리는 주류다. 주변인 으로서의 신학적 사고와 주류로서의 신학적 사고가 안교성의 디아 스포라 신학 내에서 변증법적으로 통합되면서, 보다 균형 잡힌 신학적 해석과 담론을 발전시킬 수 있는 토대를 제시한다는 점에 주목할 만하다. 따라서 이민자 입장뿐만 아니라 주류 입장에서 이민 신학적 담론을 발전시킬 수 있고, 반대로 주류 입장뿐만 아니라 이주민 입장에서 이주민 신학적 대화를 심화시킬 수 있다. 예를 들어 안교성은 이주민 신학의 네 가지 단계를 이야기하는데, '이방 인으로서의 이주민', '이웃으로서의 이주민', '가족으로서의 이주 민', '선교사로서의 이주민'이다. 수용하고 포용할 대상으로서의 이주민에서 선교의 객체가 아닌 주체로서의 이주민으로, 이주민의 이해를 확장하는 단계이다. 이러한 이주민 모델을 통해 이민자로서 주류 사회에서 어떤 역할들을 할 수 있는지에 대해서 생각해 볼 수 있다. 이처럼 안교성의 신학적 통찰은 이민 신학과 이주민 신학의 신학적 능력을 교차적으로 배양시키면서 통전적인 디아스포라 신학을 발전시킬 수 있는 자산이 된다. 더 나아가 그는 우리의 신학이 '디아스포라에 대한(about) 신학'에서 '디아스포라로부터의(from) 신학'이 돼야 한다고 주장한다. 즉, 디아스포라에 대해 설명하는 것으로 끝나는 것이 아닌, 디아스포라가 신학적 주체가 되고 채널이 돼야 한다는 것이다. 이처럼 안교성의 디아스포라 신학 또한 실천신학적 개념이 어떻게 이민 신학의 통전성을 높일 수 있는지를 잘 보여준다.

필자가 연구하고 가르쳐 온 다문화 교육으로의 이민 교회 교육의 확장 역시, 이민 신학에 대한 새로운 실천신학적 시각과 통찰을 제공한다.[12] 많은 한인 이민 교회들은 다음 세대를 위한 신앙 교육의

---

12 필자의 박사학위 논문은 이민 2세들을 위한 기독교교육과정(커리큘럼) 모델을 연구·검증·제시하는 질적 연구였다. 이를 위해 두 가지 목표를 설정하였다. 첫째, 새로운 기독교교육과정 모델은 신앙을 위한 기독교교육에 적합해야 한다. 둘째, 새로운 기독교교육과정 모델은 한인 이민 교회의 상황에 적합해야 한다. 먼저 신앙을 위한 기독교교육에 적합하기 위해 새로운 기독교교육과정은 다음과 같은 네가지 방향성을 갖는다: (1) 신앙을 위한 기독교교육은 하나님의 교육(페다고기아 데이)이어야 한다. (2) 신앙을 위한 기독교교육은 신앙 공동체 교육이어야 한다.

중요성을 인정하면서도 이민 교회 콘텍스트의 교육적 독특성에 대해서는 무관심하거나 무지한 경우가 많았다. 한 예로 한인교회는 이민 1세, 1.5세, 2세, 3세 등의 서로 다른 삶의 여정과 문화들이 만나고 교류하는 접촉점임에도, 이러한 공간적, 문화적 특성을 제대로 인지하지 못하고 오랫동안 이민 1세 중심의 단일 문화적 목회와 교육을 고집해 왔다. 다양한 인종, 문화, 종교 등이 공존하는 다문화 사회에 살고 있음에도 한국식 교육 방법과 철학을 무비평적으로 답습함으로, 상황에 맞지 않는 파편화된 목회와 교육을 양산했다. 그 결과 많은 다음 세대들이 이민 교회의 목회와 교육에 별 의미를 찾지 못하고 떠나갔고, 이러한 현상을 조용한 탈출(Silent Exodus)로 명명한지도 오래다. 한인교회를 떠났던 2세들이 결혼하고 자녀를 낳은 후 다시 한인교회 내의 영어 목회 현장으로 돌아온다

---

(3) 신앙을 위한 기독교교육은 영성 교육이어야 한다. (4)신앙을 위한 기독교교육은 참여 중심적인 교육이어야 한다. 반면 한인 이민 교회의 상황에 적합하기 위해 새로운 기독교교육과정은 다음과 같은 네 가지 문제들을 해결해야 한다: (1) 교사/목회자들의 교재 중심의 반쪽짜리 교육과정 이해, (2) 주일 교회 생활과 평일 가정/학교생활의 분리, (3) 교육 평가의 결여와 교육 히스토리의 부재, (4) 다문화 상황에 적합하지 않은 단일 문화 교육. 이 두 가지 목표를 달성할 수 있는 기독교교육과정 모델로 '소프트웨어로서의 교육과정'(Curriculum as Software)을 제시하였다. 본서에서는 이 모델에 대해서는 자세히 다루지 않을 것이다. 필자의 기독교교육과정 이론과 실천을 더 알고 싶다면 다음 책을 참조하라. 박종수, 『디아스포라 다음세대를 위한 기독교교육과정』(서울: 동연, 2017). 영어가 편한 이들은 영문판을 참조하라. Jong Soo Park, *Christian Education Curriculum for the Digital Generation* (OR: Eugene, Wipf & Stock, 2015).

는 연구 보고들도 있지만, 한인교회 내의 한어 목회와 영어 목회 간의 갈등은 여전하다. 한인 1.5세 신학자 피터 차(Peter Cha)는 2019년 9월에 이민교회교육연구소가 주최했던 '다음세대 교육과 목회 세미나'에서 "이민 2세들의 떠남과 반전"(The Reversal of the Silent Exodus)에 대해 발표하였다. 이 세미나에서 피터 차는 미국 한인교회 내의 영어 목회로 돌아오는 2세 젊은 부부들에 대해 이야기하였다. 그들이 결혼하고 아이를 낳은 후에는 자신의 아이들에게 민족적 뿌리를 전수하는 것이 중요하다는 것을 깨닫고 다시 한인교회로 돌아온다는 내용이었다. 언어의 문제로 인해 영어 목회를 제공하는 한인교회로 돌아오지만, 여전히 존재하는 한어 목회와 영어 목회 간의 불협화음으로 인해 여러 문제를 겪고 있다고 나누었다. 결국 이민 2세대들이 한인교회를 떠났을 때나 다시 돌아온 후나 목회적, 교육적 상황에는 큰 변화가 없었다는 것이다.[13] 이러한 문제는 Tapestry LA Church를 담임하고 있는 한인 2세 목회자인 챨스 초이(Charles Choe)의 나눔에도 드러난다. 챨스 초이는 2023년 2월에 진행된 그의 강연, "아시아계 미국인 교회가 직면하

---

13 피터 차(Peter Cha)의 발표는 2019년 9월 21일 호주 멜번에 소재한 멜번한인교회에서 진행되었다. 이민교회교육연구소(이교연)는 이민 교회와 이민자 가정이 이민 다음 세대를 주님의 제자들로 길러내는 건강한 신앙 공동체 될 수 있도록 돕기 위해 2014년에 창립한 단체. 지금까지 강의, 세미나, 워크샵, 저술, 북클럽 등의 활동을 통해 건강한 이민가정과 교회의 신앙교육을 위해 애쓰고 있다.

고 있는 도전들, 변화들, 기회들"(Challenges, Transitions, and Oppo-uties in the 2nd-Gen Asian American Church)에서 한인교회 내의 1세와 2세 목회자들 간의 끊임없는 갈등과 이로 인한 많은 2세 목회자들이 겪는 상처와 좌절에 대해 이야기한다. 특히 함께 공부했던 동료 한인 2세 목회자 중에 목회를 포기한 이들의 수가 상당하다는 그의 진술은 그 갈등이 얼마나 심각한지를 잘 드러낸다.14

이민 교회의 상황 밖의 목회와 교육은 비단 다음 세대뿐만 아니라 이민 1세대의 양육에도 다양한 문제를 일으킬 수밖에 없다. 무엇보다 한인교회의 한국 문화 중심적 배타성과 게토화는 다문화 사회 속에서 다양한 사람들을 만나는 교인들에게 삶과 유리된 신앙을 강조한다. 다문화, 다민족, 다인종 사회에서 살아가는 사람들에게 단일 문화 중심적 신앙을 가르치고, 그러한 목회적, 교육적 문화를 양산하는 것은 건강한 이민 교회로 성장하는 데 걸림돌이 될 수밖에 없다. 여기에 이민 신학에서 실천신학적 통찰, 특별히 목회와 교육적 담론의 의의가 부각된다. 우리는 이민 신학적 연구와 사색을 통해 이민자와 이민 교회에 대한 신학적 이해를 심화시키면

---

14 찰스 초이(Charles Choe)의 이야기는 2023년 2월 6일에 Center For Asian American Christianity가 주최한 컨퍼런스 'Dialogues in Asian American Theology and Ministry'에서 진행된 그의 강연, "Challenges, Transitions, and Opportunities in the 2nd-Gen Asian American Church"을 통해 접하게 되었다. 많은 한인 2세 목회자들이 겪는 갈등과 상처, 혼돈과 방황 그리고 그들의 신학적이고 목회적인 방향성에 대해 들을 수 있는 아주 좋은 기회였다.

서 동시에 어떻게 목회하고 교육하며 선교할 것인가를 끊임없이 질문해야 한다. 건강한 이민 교회 목회와 교육은 디아스포라 이민자와 이민 교회를 부르시는 하나님의 뜻에 부합해야 하고, 그들이 살아가는 삶의 정황에 뿌리내려야 한다. 이런 의미에서 올바른 이민 교회 목회와 교육은 방법론의 문제가 아니라 신학의 문제다. 자료와 프로그램의 문제가 아니라 인식과 개념의 문제다. 이에 대한 필자의 생각은 5장에서 건강한 이민 교회에 대한 방향성을 제시한 후 마지막 6장에서 자세하게 다룰 것이다.

## 5) 대니얼 리

대니얼 리[15]는 한국계 2세 신학자로 이민자 2세의 입장에서

---

15 대니얼 리의 신학에 관심을 갖게 된 것은 2023년 3월 7일에 Center For Asian American Christianity가 주최한 컨퍼런스 'Dialogues in Asian American Theology and Ministry'에서 진행된 그의 강연, "Being Asian American Theologically"을 시청한 것이 계기가 되었다. 그러고 나서 그의 책 *Doing Asian American Theology: A Contextual Framework for Faith and Practice* (Westmont, IL: IVP Academic, 2022)을 읽었다. 여기서 소개한 그의 신학은 그의 강연과 책에 기반한다. 이민 1.5세, 2세 신학자들의 생각을 접할 기회가 많지 않았었는데, 대니얼 리의 신학은 그들의 신학적 관심과 저변을 이해하는 데 귀한 마중물이 되었다. 또한 Center For Asian American Christianity가 정기적으로 주최하는 컨퍼런스들이 이들의 목소리들을 듣고 이해하는 데 도움이 되었다. 디아스포라 이민 교회가 이민 1세와 2세의 연대와 협력을 통해서 보다 건강한 주의 손과 발이 되어야 한다는 점을 고려하면, 이민 2세 신학자들의 목소리를 듣고 2세

이민 신학적 담론을 발전시키고 있다는 점에서 귀 기울여 볼 만하다. 그의 신학은 이민 2세의 신학적 관점과 목소리를 들을 수 있다는 점에서 또 다른 이민 신학적 통찰과 함의를 제공한다. 그의 가장 큰 신학적 관심은 아시아계 미국인으로서 신학을 하는 것(Doing Asian American Theology)이다. 일단 그의 주제에서 인종 정체성 중심의 신학을 엿볼 수 있다. 즉, 같은 아시아인임에도 불구하고 민족이 다르다는 이유로 나누어지기보다 범아시아인 정체성을 가지고 함께 연대하고 협력해야 한다는 생각이 Asian American Theology라는 단어에 담겨 있다. 이는 인종적으로 계층화된 미국 사회에서 태어나고 자라면서 같은 인종 간의 연대가 얼마나 중요한지를 깨달은 그의 경험에 기반하고 있다. 그렇다면 아시아계 미국인 신학은 무엇인가? 왜 아시아계 미국인 신학을 해야 하는가? 대니얼 리에게 있어 '아시아계 이민자'라는 정체성은 아주 중요한 신학적인 출발선이다. 왜냐하면 우리는 아시아계 이민자로서 하나님과 언약적 관계를 맺고 있기 때문이다. 대니얼 리는 하나님은 우리와 인격적인 언약 관계를 맺고 우리와의 관계를 발전시켜 나가신다고 이해한다. 대표적인 것이 아브라함과 맺은 언약이다. 창세기 12장에 기록된 하나님과 아브라함(아브람)의 언약은 아브라함을 이민자로 부르시는 언약이다. 이 언약의 주체로서의 아브라함은 하란 땅에 머물며

---

들의 생각과 고민들을 이해하는 것은 매우 중요한 일이다.

주류로 살아가게 될 아브라함이 아니라 본토 친척 아비 집을 떠나 가나안땅에서 비주류로 살아가게 될 아브라함이다. 정확한 자기 인식은 언약을 이해하고 실행하는 데 있어 매우 중요한 요소다. 흥미로운 점은 하나님은 이후에도 몇 번이나 아브라함과의 언약을 갱신하셨다는 사실이다. 계약 갱신의 이유는 하나님의 마음이 바뀌어서가 아니라 아브라함의 내적, 외적 상황이 바뀌었기 때문이다. 하나님은 아브라함의 상황에 맞는 계약 갱신을 통해서 아브라함이 정확하게 자기 자신을 바라볼 수 있도록 또한 정확하게 하나님을 인식할 수 있도록 도우셨다. 언약 갱신을 통한 하나님의 배려와 도우심이 있었기에, 아브라함은 하란 땅을 떠나면서 맺었던 하나님의 축복의 약속을 모두 누릴 수 있었다. 마찬가지로 우리도 우리 자신이 누구인지를 잘 알아야 하나님과의 관계를 건강하게 세워나갈 수 있다. 이런 점에서 대니얼 리는 우리가 '아시아계 이민자'임을 (그의 상황에서는 '아시아계 미국인') 인식하는 것을 강조한다. 아시아계 이민자 정체성이야말로 우리가 하나님과 맺는 언약의 특수성이며 우리가 심화시켜야 할 이민 신학의 내용이 된다. 그렇다면 아시아계 이민자, 아시아계 미국인, 아시아계 캐나다인, 아시아계 호주인의 정체성은 무엇인가? 대니얼 리는 무엇보다 아시아계 이민자의 다양성에 대해 이야기한다. 즉, 아시아계 이민자의 범주는 하나의 범주로 일반화할 수 없다. 이들이 갖는 민족, 문화, 종교, 습관, 사상 등이 다양하기 때문에 획일화하거나 일반화해서는 안 된다.

이러한 다양성의 담보는 아시아인들을 너무 쉽게 획일화해 버리는 주류 사회의 편견과 폭력에 대한 신학적 저항이기도 하다. 그렇기에 아시아계 이민자는 주류 사회의 입맛에 맞게 자기 자신을 맞출 필요가 없다. 나 자체가 아시아계 미국인, 아시아계 캐나다인, 아시아계 호주인이기에 하나님 앞에서 '나 자신이 되는 것'(Being Myself)이 중요하다. 내가 다른 아시아계 이민자들과 다르다 하더라도 상관없다. 이런 다양성이 모두 아시아계 이민자를 표현하기 때문이다. 더 나아가 아시아계 이민자 정체성은 '동적'이라는 것을 이해할 필요가 있다. 정체성 자체가 한 번 확립된다고 완성되는 것이 아니라 계속해서 수정되고 보완되는 것처럼, 아시아계 이민자 정체성도 상황과 변수에 따라 계속 변화될 수밖에 없다. 이러한 다양성과 변동성을 이해하면서 하나님 앞에서 자기 자신을 인식하려는 노력이 아시아계 이민자로서의 정체성을 확립하고 이민 신학적 담론을 확장해 가는 과정이다. 대니얼 리는 지금까지 이러한 아시아계 미국인 신학, 즉 아시아계 이민자의 신학적 작업이 거의 없었기에 아시아계 이민자를 표현할 수 있는 신학적 용어가 매우 빈약하다고 주장한다. 여전히 우리는 백인 중심적인 신학에 익숙하고, 백인 중심적인 용어로 신앙하고 신학하기 때문에, 아시아계 이민자의 삶을 제대로 진술할 수 없다는 것이다. 제대로 진술하지 못하니 그들의 삶을 제대로 이해할 수 없고, 제대로 이해하지 못하니 제대로 진술하지 못하는 악순환이 일어난다. 이것이 그가 아시아계 미국인 신학을 해야 한다고 주장하는 이유다. 중국계 2세 신학자인 이스턴 로(Easten Law)도 대니얼 리와 같은 이유로 아시아계 이민자 신학에 초점을 맞추고 있다.[16] 특히 이스턴 로는 아시아계 이민자의 제자도에 대해 많은 관심을 기울이고 있다. 그 또한 미국 이민자이기 때문에 '아시아계 미국인이 그리스도의 제자가 된다는 것'이 무엇인지에 대해 심도 있는 질문을 던진다. 그러면서 백인 그리스도인들에게서 찾아볼 수 없는 아시아계 이민자 그리스도인들의 독특성들을 고려하면서 제자 훈련을 해야 한다고 주장한다.

이러한 대니얼 리와 이스턴 로와 같은 2세 신학자들의 신학적 작업은 디아스포라 한인 이민자들의 이민 신학적 지평을 한 단계 넓혀주고 있다. 백인 중심의 신학에서는 아시아계 이민자들의 삶, 주변성, 아픔, 갈등, 분노 등을 심도 있게 표현할 수 없기에, 백인 중심 신학에서 아시아계 이민자들은 보이지 않고 들리지도 않는다. 존재하지만 존재하지 않는 것이다. 그렇다고 백인들이 아시아계 이민자 신학을 할 수는 없다. 아시아계 이민자 신학은 누가 대신해 줄 수 있는 것이 아니라 모든 아시아계 이민자들의 몫이요 책임이다.

---

16 이스턴 로(Easten Law)의 신학 작업은 2023년 4월 28~29일에 Center For Asian American Christianity가 주최한 컨퍼런스 'Multiple Belongings in Transpacific Christianities: Christian Faith and Asian Migration to US'에서 진행된 그의 강연, "Framing Asian American Discipleship Across Generations"을 통해 접했다.

하나님과 언약 관계를 맺고 있는 내가 누구인지를 묻고 신학적으로 성찰하고 대답하는 가운데, 아시아계 이민자는 자신의 독특한 정체성을 인식할 수 있게 된다. 정체성 인식은 더 깊은 신학적 사색과 성찰로 이어질 수 있고, 이로 인해 생성되는 다채로운 신학적 용어와 표현들은 내가 누구인지를 정확하게 인식하는 데 더 깊은 통찰과 함의를 제공하면서 선순환 구조를 만들 수 있다. 결과적으로 이민자들의 신앙 공동체는 백인 중심 신학에서 벗어나 자신들의 목소리를 담은 신학을 통해 아시아계 이민자들에게 적합한 교회를 세워나갈 수 있게 된다. 더 나아가 아시아계 신학은 범아시아인 교회의 필요성에 대한 신학적 토대를 제공한다. 이와 관련하여 한인 2세 목회자인 찰스 초이의 사역은 흥미롭다.[17] 현재 그가 담임하고 있는 Tapestry LA Church는 65%가 한국계 2세, 30%가 중국계 2세로 구성되어 있는데, 아시아계 미국인으로서의 정체성을 공유하고 있기에 하나의 공동체를 이루어 가는 데 전혀 문제가 없다. 그러나 찰스 초이는 아시아계 미국인뿐만 아니라 다른 인종의 그리스도인들이 함께 모여 예배하고 공부하며 교제할 수 있는 다문화 공간을 만들기 위해 노력하고 있다고 한다. 왜냐하면 그리스도의 교회는 모든 민족과 열방을 위한 자리이기 때문이다. 이처럼 이민 2세 그리스도

---

17 Charles Choe, "Challenges, Transitions, and Opportunities in the 2nd-Gen Asian American Church," Presentation at Center For Asian American Christianity (6 February 2023).

인들에게 한인 이민 교회는 더 이상 한국말을 하는 이민자들만을 위한 공간이 아니다. 모든 교회는 세상 모든 이들에게 열려 있어야 한다. 이때 아시아계 이민자 신학은 이러한 아시아계 교회를 위한 튼튼한 기반이 될 수 있다. 아직까지 범아시아인 정체성이 강하지 않은 대부분의 이민 1세들은 이러한 이민 2세 신학자들이 강조하는 아시아계 이민 신학이 생소할 수 있지만, 우리는 모두 한인이면서 동시에 아시아인이기 때문에 아시아계 이민 신학적 작업에 참여하고 발전시켜야 할 존재론적 이유와 의무가 있음을 기억할 필요가 있다.

지금까지 한인 이민 1세, 1.5세, 2세를 망라한 여러 신학자의 이민 신학적 고민과 생각들을 살펴보았다. 각자의 상이한 삶의 여정과 상황 등을 통해 서로 다른 이민 신학적 관심과 관점을 보여주지만, 동시에 그 차이점들을 아우르는 공통된 목소리들도 찾아볼 수 있었다. 무엇보다 핵심적인 공통점 중의 하나는 '주변성'(Marginality)에 대한 신학적인 재해석이다. 다양한 관점에서 주변성을 재해석하고 새롭게 이해함으로 디아스포라 이민자들이 '주변화된 현실'을 넘어서 새로운 가능성을 열어갈 수 있도록 노력하였다. 한인 디아스포라 신학의 두 선구자인 이정용과 이상현은 한인 이민자를 '주변인'으로 정의한 후 '하나님이면서 동시에 인간이셨던 예수'에 대한 깊은 신학적 사색을 통해 이에 대한 기독론적인 해답을 각각 제시하였다. 이정용은 주변성에 대한 '양자택일' 혹은 '양자수용' 식의 이분법적인 접근이 갖는 한계를 직시하고 그 부정적 경험과 긍정적 경험을 변증법적으로 통합시켜 '새로운 주변성'을 열어가야 한다고 주장하였다. 새로운 주변성이란 주류가 만들어 놓은 중심과 주변의 틀거지에 더 이상 종속되지 않고, 스스로 주변을 살아가며 주변성을 창조의 원천으로 삼는 삶이다. 이때 우리는 중심과 주변을 함께 포용하면서 비존재에서 존재로 변혁된다. 반면 이상현은 '경계성'(Liminality)이란 개념으로 주변성의 의미를 다른 각도에서 이해하였다. 분명 한인 이민자는 이곳에도 저곳에도 속하지 못하는 주변인으로 내몰려 있지만, 그들이 내딛고 있는 경계선상이 새로운 시작의 문턱이 될 수 있다는 사실을 강조하였다. 하여 이상현은 자신의 진영 밖으로 나가 그 경계를 허무는 주변인이 될 것을 요청한다. 한편 한인 1.5세 신학자인 앤드류 성 박은 기독론 중심의 이민 신학적 담론을 한이라는 개념을 통해 사회심리 영역으로까지 심화시켰다. 주변성으로 인한 이민자의 상처와 아픔을 한으로 규정하면서 이민자의 사회심리적인 상태를 통찰력 있게 진술하였다. 더 나아가 이민자가 겪는 한은 개인적인 아픔이면서 사회구조적인 문제이기에 한의 해결을 위해서는 구조적인 불의에 대한 '연민 있는 저항'이 있어야 한다는 사실을 그리고 가해자 중심에서 피해자 중심으로의 용서에 대한 신학적 패러다임의 변화까지도 필요하다는 통찰을 제시하고 있다. 안성호는 조직신학 중심적인 이민 신학의 영역을 선교학으로까지 확장시켰다. 그는 디아스포라 이민자가 고국을 떠나 주변인이 된 것을 하나님께서 당신의 선교를 위해 의도적으로 '파송'하신 깃으로 이해한다. 하나님을 떠난 세상과 화해하시려고 스스로를 흩으시는 삼위일체 하나님은 당신의 백성들을 땅끝까지 흩으심으로 그들과 함께 일하신다. 그렇기에 안성호는 디아스포라 주변인은 아브라함처럼 디아스포라를 위해 디아스포라가 되는 삶을 살며 하나님의 선교에 참여해야 한다고 강조한다. 이처럼 안성호는 디아스포라 이민자의 '주변성'보다 '선교를 위해 파송됨'에 초점을 맞추면서, 부정적이든 긍정적이든 이민자의 경험보다는 하나님의 선택에 집중하였다. 마지막으로 살펴본 한인 2세 신학자 대니얼 리는 지금까지의 한민족 중심적인 이민 신학적 범위를 깨트리고 아시아계 이민 신학으로 나아간다. '아시아계 이민자로서 신학한다는 것'의 의미를 심도 있게 성찰하고 있는 그의 신학은 민족 중심적인 이민자의 정체성, 한인 중심적인 교회 신학, 1세 중심적인 교회 운영과 목회 등에 통찰력 있는 문제 제기와 질문들을 던진다. 더 나아가 백인 중심 신학의 모방과 반복을 넘어 아시아계 이민자의 삶과 목소리를 담아낼 수 있는 아시아계 신학의 정립이야말로 아시아계 이민자로서 신학을 해야 할 이유라고 역설한다.[18]

---

18 이 장에서는 소개하지 않았지만, 미라슬라브 볼프(Miroslav Volf)의 '주변성'에 대한 분석 또한 이민 신학적 통찰을 담고 있기에 간단하게 소개하고 넘어가고자 한다. 볼프의 '주변성'에 대한 신학적 해석은 그의 '타자' 개념에서 출발한다. 그는 '나'

이러한 다양한 신학적 목소리들은 디아스포라 주변인으로서의 이민자의 삶과 신앙, 이들이 신앙 공동체를 이루고 있는 이민 교회의 목회와 교육에 깊은 통찰과 깨달음을 준다. 그런데 문제는 이러한 신학적 성찰과 지혜가 어떻게 이민자들과 이민 목회자들에게까지 전달되며, 어떻게 이민 교회 현장으로 스며들 수 있을까이다. 이러

---

와 '타자'를 이분법적으로 나누지 말고 우리 모두가 '타자'임을 인식해야 한다고 말한다. 우리는 서로에게 모두 타자이기 때문이다. 우리 모두가 타자임을 인식할 때 '나'만 타자라는 피해의식이나 주눅 든 마음에서 벗어날 수 있다. 우리 모두가 타자일 때 우리는 '타자화'의 폭력에서 해방될 수 있고, 더 나아가 나와 다른 이를 수용할 수 있는 공간을 만들 수 있다. 이는 소수 민족, 소수 인종으로 살아가는 이민자들에게 귀한 함의를 제공한다. 즉, 이민자만 타자가 아니라는 점은 소수가 가질 수 있는 심적 부담을 덜어줄 수 있다. 볼프는 '우리 모두가 타자'라는 사실을 이해하면서 나와 다른 타자를 포용할 수 있어야 한다고 강조한다. 이것은 예수의 십자가의 길을 따르는 그리스도인의 책임이기 때문이다. 무엇보다 볼프는 예수 안에서 자신을 주변화할 때 타자를 수용할 수 있다고 주장한다. 자신을 주변화한다는 것은 자신에게 익숙한 자리, 문화, 특권 등을 버리는 것을 의미한다. 스스로 중심에서 주변으로 떠나는 것인데, 볼프는 이를 '중심의 재설정'이라고 명명한다. 이를 통해 '주변성'은 수동적인 '타자화'의 부산물이 아닌, 능동적인 화해와 포용의 교두보가 된다. '주변성'은 더 이상 부정의 결과가 아닌, 긍정의 시작이 된다. 그렇다면 '본토 친척 아비 집'을 떠난 디아스포라 이민자는 스스로 중심에서 주 변화된 이들로 누구보다 타자를 포용하고 수용할 수 있음을 깨닫게 된다. 이처럼 볼프의 신학은 소수 이민자로서 주류 사회와 단절된 영원한 이방인으로 살 수 있는 이민자들과 이민 교회에게 놀라운 신학적 통찰을 제공하면서, 이민자가 자신의 '주변성'을 어떻게 사용해야 하는지를 알려준다. 그러나 여기에 간과하지 말아야 할 점은 고국을 떠난 이민자라고 해서 스스로 '주변화'하지는 않았다는 사실이다. 몸은 '본토 친척 아비 집'을 떠났지만, 여전히 중심 지향적인 삶을 살아간다면 나와 다른 이들을 수용하고 포용하는 데 큰 어려움을 겪을 것이다. 참조. 미로슬라브 볼프, 『배제와 포용』 (서울: IVP, 2012).

한 이민 신학적 통찰과 함의가 이민 교회의 목회와 교육을 통해 실천되지 못한다면 한인교회는 지금까지처럼 '한국교회 복사판'의 모습을 넘어설 수 없기 때문이다. 다음 장에서는 이 장에서 살펴본 이민 신학적 성찰과 사색을 기반으로 이민 교회는 어떠해야 하는지에 대해 생각해 보고자 한다.

## 반추와 토론을 위한 질문

1) 주류가 만든 중심에 서려고 하면 할수록, 주변인은 더욱 가장자리로 내몰릴 수밖에 없다. 그러므로 중심은 바로 하나님이 만드신다는 것을 늘 기억하며, 우리가 서 있는 그 자리, 곧 가장자리의 삶을 주변인으로서 최선을 다해 살아가야 한다. 이정용은 이를 "스스로 주변인이 되어 주변을 사는 삶"으로 명명한다. "스스로 주변인이 되어 주변을 사는 삶"의 개념은 나의 이민자로서의 삶과 정체성에 어떤 통찰을 주는가?

2) 내가 속한 진영 밖으로 나간다는 것은 나에게 익숙한 경계를 넘어 타자에게 나아가는 삶이다. 이상현에게 있어 진영 밖으로 나가는 것은 이민자가 주변성을 극복할 수 있는 좁은 길이다. 내가 넘어서야 할 나의 '진영'은 무엇인가?

3) 앤드류 성 박은 이민자들의 주변성과 이로 인한 깊은 상처와 아픔을 '한'의 개념을 사용하여 신학적으로 진술하면서, 한의 해결을 위한 네 가지 단계를 다음과 같이 제시한다: '한을 깨닫기', '이해하기', '새로운 세계관 그리기', '연민으로 저항하기'. 이상 네 단계 중에서 나는 어느 단계에 있는가? 다음 단계로 나아가기 위해 나에게 필요한 것은 무엇인가?

4) 안성호는 모든 이민자는 흩어진 디아스포라를 위해 디아스포라가 되어 하나님의 선교에 참여해야 한다고 주장하면서, 디아스포라 선교의 세 단계를 다음과 같이 제시한다: 디아스포라를 '향한' 선교, 디아스포라를 '통한' 선교, 디아스포라를 '넘어가는' 선교. 이상 세 단계 중에서 나는 어느 단계에 있는가? 이 세 단계의 선교 사역을 위해 이민 교회의 사명과 역할은 어떠해야 하는가?

5) 대니얼 리, 이스턴 로, 찰스 초이 등의 이민 2세 신학자와 목회자들을 통해 그들의 인종 정체성 중심의 신학을 엿볼 수 있었다. 이민 2세의 인종 정체성 중심의 신학과 기성세대의 민족 정체성 중심 신학에 대해 반추해 보자. 이에 대한 나의 생각은 어떠한가?

5장

# 이민 교회

이민 신학을 정립해야 하는 가장 큰 이유는 디아스포라 이민자의 존재와 삶에 대한 신학적 의의를 정립하고 건강한 이민자의 신앙 공동체를 세우는 것이다. 지금까지 우리는 다양한 이민 신학적 담론을 통해 이민자와 이민 교회에 대한 통찰과 함의를 살펴보았다. 그렇다면 이민 신학에 기초하여 우리는 어떤 이민 교회를 가꾸어 가야 하는가? 이 장에서는 지난 장에서 살펴보았던 다양한 이민 신학적 개념과 해석에 기반하여 건강한 이민 교회에 대한 필자의 생각을 제시할 것이다. 물론 이민 교회가 뿌리 내리고 있는 주류 사회의 상황, 이민 교회를 구성하고 있는 구성원들의 특성 등에 따라 추구해야 할 이민 교회의 방향성은 다양할 수 있다. 하지만 여기에서 제시될 세 가지 포인트는 많은 디아스포라 한인교회의 상황에 적용될 수 있을 것이라 생각한다.

## 1. 지역 교회로서의 이민 교회

먼저 건강한 이민 교회는 지역 교회(Local Church)가 되어야 한다. 지역 교회란 무엇인가? 한 지역에 뿌리내린 신앙 공동체로서 지역사회를 섬기는 교회가 바로 지역 교회다. 지역사회를 교구로 보고 지역의 소외된 자, 사정이 어려운 자 등을 위해 구제와 교제 등 다양한 일들을 감당하는 교회다. 이처럼 교회는 신앙인들을 위한 예배 공동체이지만, 동시에 지역에 사는 모든 이들을 위한 섬김의 자리이어야 한다. 교회는 궁극적으로 타자를 위한 공동체이기 때문이다. 디트리히 본회퍼(Dietrich Bonhoeffer) 또한 교회를 '타자를 위한 공동체'로 규정한다. 타자를 위한 공동체로서의 교회의 본질을 이해하기 위해 본회퍼의 교회론을 잠시 살펴보자.[1] 그에게 예수 공동체인 교회는 그리스도의 집단적 인격이다. 즉, 그리스도의 인격으로서의 제자들이 모인 공동체이기에 그리스도의 집단적 인격이라는 것이다. 이때 그리스도의 집단적 인격은 언제나 타자를 향해 있어야 한다. 예수가 늘 자신과 다른 타자를 이해하고 포용하며 소통했던 것처럼, 그리스도의 인격인 제자와 그리스도의 집단적 인격인 교회는 자신의 울타리를 넘어 타자 속으로 들어가야 한다.

---

1 여기에서 소개할 디트리히 본회퍼(Dietrich Bonhoeffer)의 교회론은 본회퍼 연구자 김성호 박사의 책에 기초한다. 김성호, 『디트리히 본회퍼의 타자를 위한 교회』 (서울: 동연, 2018).

이런 의미에서 교회의 배타성과 게토화는 반그리스도적이다. 자기들만의 리그가 아닌 지역사회에 뿌리내려 함께 호흡하는 지역 교회는 그리스도의 집단적 인격으로서의 교회의 본연의 모습이다.

그러나 한국교회는 그동안 지역에 뿌리내린다는 지역 교회로서의 정체성이 약했던 것이 사실이다. 지역사회를 섬기는 구제와 봉사에도 열심을 내었지만, 성장제일주의 목회 철학으로 인해 양적 부흥에 더 많은 중점을 두었다. 비근한 예가 바로 교회의 대형화와 탈지역화다. 대형화된 교회나 대형화를 꿈꾸는 교회는 주일이나 특별한 행사가 있을 때 수많은 버스를 대절하여 다른 지역의 교인들을 실어오는 데 엄청난 헌금을 사용해 왔다. 심지어 특정 지역들에 부설 성전을 짓고 그곳에 모여 화면으로 예배를 드리는 촌극을 빚었다. 또한 어떤 대형 교회들은 프랜차이즈처럼 똑같은 이름의 교회를 타 지역에 개척하고 본부에서 담당 목사와 일부 성도들을 파송하면서 재정과 프로그램을 지원한다. 이러한 교회 구조는 지역 교회로서의 정체성을 약화시킬 수밖에 없다. 물론 이러한 대형 교회의 비율은 한국 교계에서 지극히 작다. 그러나 문제는 대부분의 교회들이 이러한 교회의 대형화를 꿈꾸고 성장제일주의 목회에 빠져있다는 현실이다. 부흥이 안 돼서 그렇지, 부흥만 되면 언제든지 대형 교회들의 발자취를 따라갈 공산이 크다. 지금까지 배우고 추구한 신학이 그렇기 때문이다. 하여 오늘날에는 이런 성장 중심주의 목회의 대안으로 '작은 교회 운동'이나 '마을 목회 패러다임' 등이 제시되고 있으나 아직 그 영향력은 미흡한 것 같다. 사실 작은 교회가 지역 교회로서의 정체성을 회복하는 데 유리하다. 물론 규모가 작다고 지역 교회가 되는 것은 아니다. 그러나 작은 교회의 교인들 대부분은 지역사회에 거주한다. 지역주민으로 지역사회를 섬기는 것과 그렇지 않은 것은 엄청난 차이를 만든다. 규모가 작은 교회들은 인적, 물적 자원이 한정되어 있다는 단점이 있지만 동시에 구조적인 유연성을 지니고 있기 때문에 지역 교회로서의 정체성과 분명한 목회 철학을 공유한다면, 지역사회를 위한 교회로 자리매김할 수 있다.

지역을 위한 교회가 돼야 하는 것은 한인 이민 교회도 마찬가지다. 그러나 지역 교회로서의 역할을 감당해 온 이민 교회들이 지금까지 많지 않았던 것이 현실이다. 한 이유는 이민 교회의 많은 목회자가 한국에서 신학 훈련을 받고 목회 경험을 쌓아 왔기에 성장제일주의에 많은 영향을 받았기 때문이다. 그 결과 성장 중심이 아니라 마을 중심의 지역 교회 철학이 약한 경우가 많다. 또한 이민자들이 모인 이민 교회의 특수성이 지역 교회로 나아가는 데 큰 장애가 되기도 한다. 이민 교회는 이민자들이 주로 모여 예배드리며 교제하는 공동체이고, 이민자의 언어와 문화가 주요한 소통 코드이기에 자연스럽게 주류 사회와 단절된다. 문화적인 섬이 되는 것이다. 지역주민들과 소통하지 않기에 그들이 볼 때 이민 교회는 이민자 기독교인들이 예배드리는 장소 그 이상도 이하도 아니다. 그렇다

보니 주차 문제나 소음 문제 등이 불거지게 되면 교회 주변에 거주하는 사람들과 갈등 상황에 놓이는 경우도 비일비재하다. 이런 '문화적인 섬'으로서의 교회 현실을 악화시키는 또 하나의 원인은 이민 교회를 주류 문화와 한국 문화가 만나는 접촉점이 아닌, 1세 중심의 한국 문화 전수의 장으로 보는 인식이다. 1세 중심의 교회 구조와 리더십은 2세들과의 갈등을 증폭시켜 2세들이 교회를 떠나게 만드는 직간접적인 요인이 되어 왔고 또한 지역 교회로서의 이민 교회로 성숙하는 데 큰 장애물이 되어 온 것이 사실이다. 이민 교회는 다른 여느 교회들처럼 한 지역사회에 뿌리내리고 하나님의 나라를 가꾸는 교회이기에 지역사회를 섬기는 지역 교회여야 한다. 이를 위해 성장 중심의 목회 철학을 내려놓고 마을 중심의 교회관을 새롭게 정립하여 목회자와 성도들 모두가 공통된 정체성을 가져야 한다. 더 나아가 이민 공동체로서의 한계를 넘기 위해 지역사회에 관심을 갖고 꾸준히 지역사회를 연구하며 어떻게 지역주민들과 소통하며 그들을 섬길 수 있을지를 고민해야 한다. 작은 것부터 하나씩 할 수 있는 것들을 하다 보면, 오히려 이민 공동체이기 때문에 지역사회에 기여할 수 있는 부분이 더 많다는 것을 체험할 수 있을 것이다.

이와 같은 관점에서 이상현은 이민 교회는 무엇보다 종족적 교회를 넘어서야 한다고 주장하며 몰트만의 말을 다음과 같이 인용하였다:

민족교회, 종족 교회, 계급 교회, 중산층 교회는 그들의 실천적인 삶에 있어서 이교적이고 이단적이다. 이런 교회들을 통해서 화해가 아닌 멸시의 씨가 뿌려진다. 기독교 공동체가 이질적인 사람들도, 예컨대 교육받은 사람들과 그렇지 못한 사람들, 흑인과 백인, 높은 사람들과 낮은 사람들로 구성될 때에야 교회 공동체는 하나님께서 이룩하신 화해된 세계에 대한 희망의 증인이 될 수 있을 것이다. 이런 공동체는 분열된 세계에서 난관에 부닥칠 것이다. 그러나 우리는 이런 공동체를 원한다. 이런 공동체 안에서만 희망이 있기 때문이다(위르겐 몰트만, 『희망의 신학』, 91).[2]

종족적 교회를 넘어선다는 것은 한인 이민 교회가 한인들만을 위한 교회가 아님을 인식하고 열방을 위한 교회가 돼야 한다는 의미다. 주변인으로서의 이민자가 자신과 다른 타자를 포용하는 것이 주변인의 주변됨의 이유라고 생각했던 이상현은 이민자들의 신앙 공동체인 이민 교회는 종족 교회의 한계를 뛰어넘어 타자를 위한 교회가 돼야 한다고 주장하였다. 한인의 관점에서는 이민 교회 공동체가 한국의 문화와 전통을 지켜 가는 것이 중요하지만, 하나님 나라의 관점에서는 이것은 교회의 주목적이 아니다. 종족적 교회의 한계를 벗어나지 못하면, 하나님 나라가 아닌 한국 나라를

---

2 이상현, "이민신학의 정립을 위하여,"「기독교사상」23(8)(August 1979), 81.

만드는 데 초점을 맞추게 된다. 자녀들에게 복음을 가르칠 때 한국어를 사용해야 하느냐, 영어를 사용해야 하느냐의 질문 자체가 종족적 교회 프레임 안에 갇혀 있음을 단적으로 보여 준다. 한국어를 사용하느냐, 영어를 사용하느냐보다 우리가 복음을 제대로 가르치고 있느냐, 그렇지 않느냐를 질문해야 한다. 한국 문화와 전통을 잘 지키고 있느냐보다 그리스도의 문화와 하나님 나라의 가치를 잘 실천하고 있느냐에 초점을 맞춰야 한다. 종족적 교회의 틀에서 벗어나지 못하면 이민 교회는 지역사회를 섬기는 지역 교회로서의 사명을 감당하기가 어렵다. 이민 교회가 종족적 교회를 넘어선다는 것은 모국어 사용에 대한 집착을 내려놓는 것이고 영어를 사용할 수 있는 타자에게도 교회의 문을 연다는 의미이기에, 영어에 능통한 이민 2세들의 역할이 더욱 중요해진다. 따라서 자연스럽게 1세 중심의 교회에서 1세와 2세가 협력하는 교회로 성장할 수 있는 토대가 마련된다. 이처럼 종족 교회를 넘어 지역 교회가 될 때, 우리와 다른 타자뿐만 아니라 다음 세대도 포용할 수 있게 된다. 그러나 한인 이민 교회가 종족 교회의 틀을 넘어간다는 것은 자신의 정체성을 재정립해야 하는 해체와 재구성의 작업이 될 것이다. 분명한 건 하나님께서 디아스포라 주변인들과 그들의 신앙 공동체에게 무엇을 원하시는지를 분별한다면, 그 좁은 길은 선택이 아닌 필수라는 것을 깨달을 수 있다. 옥성득도 지역사회를 섬기는 지역 교회로서의 이민 교회 역할을 강조하였다. 그는 이민 교회가 갖는 삼중 사명을 이야기하는데, 바로 주류 사회를 위한 사명, 한국 사회를 위한 사명, 한인 사회를 위한 사명이다. 이 중에서 주류 사회를 위한 사명을 감당하기 위해 지역사회에 많은 관심을 갖고 적극적인 사회참여를 해야 한다고 주장한다. 특히 디아코니아를 통한 '이민 교회와 지역사회와의 연계'를 강조한다. 또한 그는 이민 교회의 한국 사회를 위한 사명도 언급하면서, 이민 교회는 한국교회의 개혁을 위한 변방의 목소리가 돼야 한다고 주장한다. 한국교회의 개혁을 위한 변방의 목소리를 내기 위해서는 한국교회의 모조품이 아닌 지역 교회로서의 이민 교회로 뿌리내리며 진정한 영향력과 생명력을 흘려보낼 때 가능할 것이다.[3]

## 2. '변증법적 초월' 공동체로서의 이민 교회

두 번째, 건강한 이민 교회는 변증법적 초월(In-beyond) 공동체여야 한다. 변증법적 초월 공동체는 세상과 교회, 한국 문화와 주류 문화 등과 같은 이분법적인 양자택일의 문화를 넘어 변증법적인 창조적 공동체를 의미한다. 이를 위해서 이민 교회는 무엇보다

---

3 옥성득, "미국 한인 개신교회의 사회적 책임," 「한국기독교와 역사」 29(September, 2008): 165-190.

양자택일(In-between) 패러다임을 극복해야 한다. 양자택일 패러다임은 이분법적 구조로서 둘 중의 하나를 택하도록 강요한다. 이정용은 한인 이민자들을 주변인이라 규정하고 주변인의 삶을 두 문화 사이에 끼인 삶으로 묘사했다. 두 문화 사이에 끼인 양자택일의 삶은 두 문화 어디에도 속할 수 없는 상태를 말한다. 이민자로 주류 사회에 속하고 싶지만 다른 피부색과 문화, 언어적 장벽 등으로 인해 온전히 뿌리내리기 쉽지 않고, 고국을 떠난 이후로는 시간이 지날수록 고국과 동떨어져 있기에 역시 떠나온 고향과도 거리감을 느낄 수밖에 없다.[4] 이렇게 두 문화 사이에 끼인 주변인들은 둘 중의 하나를 택하도록 강요받지만, 어디를 택하더라도 온전히 소속 될 수 없는 존재론적 한계로 인해 자신의 존재 가치를 느끼지 못할 수 있다. 이런 실존적인 무의미는 비인간화의 뿌리가 되기 때문에, 이정용은 양자택일의 삶의 구조를 극복해야 한다고 주장한다. 많은 이들은 양자택일의 정황을 넘어서기 위해 양 문화를 모두 수용 (In-both)하려고 노력한다. 새로운 땅, 주류 사회에 뿌리내리기 위해 주류 문화도 수용하려고 애쓰고 자신의 뿌리인 한국 문화도 간직하 기 위해 노력한다. 하지만 두 문화를 포용하려는 양자 수용의 열린 자세는 의미 있는 시도이기는 하나, 두 문화를 수용한다고 해서 이민자의 주변성 자체가 없어지는 것은 아니다. 하여 이정용은

---

4 Jung Young Lee, *Marginality*, 45-46.

양자택일의 주변성의 구조를 극복하기 위해서는 두 문화를 포용하는 양자 수용을 넘어 창조적 초월을 지향해야 한다고 주장한다. 창조적 초월의 삶은 양자택일과 양자 수용을 모두 담아내는 패러독스다. 즉, 양 문화에 끼어 있는 부정적인 경험과 양 문화를 포용하는 긍정적인 경험을 모두 이민자의 현실로 인정하고, 이를 변증법적으로 승화시킨다. 정과 반에서 합을 도출하는 변증법에서 정과 반은 합을 위해 반드시 필요한 것처럼, 이민자의 부정적인 경험과 긍정적인 경험 모두는 새로운 문화 창조를 위해 없어서는 안 될 귀한 자산이다. 이러한 양극단을 수용하고 변증법적으로 승화시키는 삶이 새로운 주변인의 삶이다.[5]

이런 관점에서 두 문화 사이에 서 있는 이민 교회는 새로운 주변성을 창조하는 변증법적 초월 공동체가 되어야 한다. 한인 이민 교회가 변증법적 초월 공동체가 돼야 한다는 말에는 두 가지 의미가 담겨 있다. 이민 교회가 마주하는 두 문화 사이의 경계는 주류 사회와 한인 사회라는 물리적인 경계뿐만 아니라 이민 1세대와 2세대라는 세대 간의 경계 또한 포함하기 때문이다. 먼저 이민 교회 공동체는 현재 자신들이 뿌리내리고 있는 지역 문화와 자신들의 뿌리인 전통적인 한국 문화 사이에서 두 문화 중 하나를 택하거나 두 문화를 기계적으로 나열해서는 안된다. 이민 교회가 마주하는 주류 문화와

---

5 Ibid., 59-62.

한국 문화는 이민 교회가 질적으로 새로운 공동체로 거듭나는 데 있어 해산의 통로인 변증법적 과정에서의 정과 반이다. 정과 반의 치열한 변증법적 과정을 통해 두 문화는 질적으로 전혀 다른 제3의 문화로 새롭게 재창조된다. 이민 교회는 이러한 제3의 문화를 창조해내는 공동체로 새로 태어나야 한다. 이것이 새로운 땅에 심겨진 디아스포라 이민 교회의 존재 이유이다. 이민 교회가 새로운 문화를 받아들이려고 노력해도 전통적인 한국교회와 별반 다르지 않거나 아예 새로운 문화를 수용하는 데는 관심 없이 한국 문화 지키기에만 열을 올린다면, 그 이민 교회는 양자택일 혹은 양자 수용의 주변성을 넘어설 수 없다. 그렇게 되면 이민 교회는 새로운 땅에서 이민자 공동체만이 감당할 수 있는 하나님의 사역을 감당할 수 없게 된다. 그렇기에 두 문화 속에서 새로운 문화를 창조하는 것은 이민 교회의 핵심 과제 중의 하나라 할 수 있다. 이것이 주변성을 극복하는 문화화이다. 더 나아가 이런 의미에서 이민 교회는 1세가 주도하며 통제하려는 1세 중심의 교회를 지양해야 한다. 1세 중심의 이민 교회는 함께 변증법적인 '재창조의 춤'을 춰야 할 파트너인 이민 2세가 제대로 세워지기 힘든 환경이기 때문이다. 이민 교회의 주변성을 넘지 못하는 교회, 즉 양자택일 혹은 양자 수용의 수준에 머무는 교회 대부분은 세대 간의 갈등의 골이 깊다. 1세 중심의 교회에서는 1세는 2세를 파트너로 여기지 않고 자신의 방향내로 따라오라고 강요하며, 2세는 그런 1세의 힘과 권위주의 앞에서 순응하거나 아니면 교회를 떠나거나 둘 중에 하나를 선택할 수밖에 없다. 결국 많은 2세들이 조용히 교회를 떠나고, 남은 2세들은 1세 문화에 순응하게 되어 두 문화의 변증법적 승화는 불가능하게 된다. 그렇기에 이민 교회에서 세대 간의 존중과 연대, 협력과 통합은 이민 교회의 주변성을 극복하고 창조적인 공동체로 새롭게 태어나기 위해서는 필수 불가결한 요소다. 2세들을 키우고 세우는 것은 단순히 다음 세대만을 위한 것이 아니라 1세들을 위한 일이기도 하며, 더 나아가 이민 교회 공동체를 위한 일이라는 것을 기억할 필요가 있다. 여기서 한 가지 주목할 만한 점은 두 문화 사이에 서 있는 이민 교회는 주류 문화와 한국 문화 간의 그리고 1세와 2세 간의 경계뿐만 아니라 성과 속의 경계 가운데 서 있다는 사실이다. 창조적 초월의 개념은 성과 속의 경계에 서 있는 모든 교회에게 귀한 통찰을 준다. 성과 속도 주류 문화와 한국 문화처럼 양자택일의 문제가 아니다. 신앙 공동체는 당연히 성스러운 자리이지만 동시에 세속 사회에 뿌리내리고 있음을 기억해야 한다. 세속 사회를 악하다고 비방하고 세상을 향한 문을 닫아 버린다면, 그 교회는 세상에 이방인과 주변인이 될 수밖에 없고 세상 속에서 복된 소식을 전하는 것을 포기한 죽은 교회가 된다. 그렇다고 어느 정도로 세상의 문화를 받아들여야 하느냐는 늘 정하기 쉽지 않은 질문이다. 사실 둘 중에 하나를 선택하는 것도, 둘 모두를 선택하는 것도 성과 속의 문제를 해결하는 데 도움이 되지 못한다. 양자택일과 양자 수용의 패러다임으로는 성과 속의 문제를 해결하기 어렵기 때문이다. 그렇기에 성과 속을 변증법적으로 통합해 낼 수 있는 신학 능력이 교회에게 필요한 것이고, 이는 이민 교회도 마찬가지다. 성과 속을 변증법적으로 통합하여 새로운 시각과 선교적 패러다임을 만들어 갈 때, 교회는 세상의 한복판에서 하나님의 거룩함을 드러내는 통로가 될 수 있을 것이다.


## 3. '그리스도의 문화' 공동체로서의 이민 교회

마지막으로 건강한 이민 교회는 '그리스도의 문화 공동체'를 추구한다. 그리스도의 문화 공동체로서의 이민 교회는 그리스도의 문화가 충만한 예수 공동체를 의미한다. 한인 이민 교회는 한국 문화 혹은 주류 문화 등 하나의 특정한 문화가 지배하는 곳이 아니라 그리스도의 문화가 충만한 자리가 되어야 한다. 그리스도의 문화란 무엇인가? 그리스도의 문화란 예수 그리스도의 가르침과 정신이 깃들어 있는 생활·행동 양식이다. 예수 그리스도의 성품, 가치, 세계관, 삶의 목적, 사역 방향 등이 그 어떤 문화적 가치들보다 우선시되는 곳이 그리스도의 문화가 충만한 곳이라 할 수 있다. 그러나 지금까지 많은 한인 이민 교회들에서는 한국의 유교적, 불교적 문화가 그리스도의 문화보다 우선시되는 경우들이 많았다.

예를 들어 한국의 장유유서, 가부장적 남존여비 사상은 여전히 한인 이민 교회 내에서 나이와 성별에 따른 차별이 계속되게 하는 주요 원인이다. 한인교회의 주요 정책이 결정되고 집행되는 당회의 경우만 보더라도 대부분이 40~50대 이상의 남성들로 이루어진 경우가 허다하다. 많은 교회가 장로 선거에 나이 제한을 두고 있으며, 아직도 상당수의 교회가 여성의 목사 안수와 장로 임직을 교회법적으로 막고 있다. 결과적으로 많은 한인 이민 교회는 한국교회들처럼 40~50대 이상의 남성들이 주도하는, 성차별과 나이 차별이 존재하는 공동체라 할 수 있다.[6] 또한 유교의 형식주의의 영향을 받은 한인교회는 다른 형식, 다른 문화 등에 대해 배타적인 경우가 많다. 심지어 같은 기독교회라도 교단이나 신학적 색깔이 다르면 배타적이거나 적대적인 자세를 취하는 것을 심심치 않게 볼 수 있다. 이러한 배타성은 자연스럽게 타 문화, 타 인종, 타 종교 등에 대한 의식적인 혹은 무의식적인 편견과 무시로 드러나게 된다. 교회 내에서 공공연하게 들리는 타 인종과 타 문화에 대한 경시, 비하 발언들 그리고 이런 발언들을 농담조로 흘리거나 대수롭지 않게 여기는 분위기는 한인 이민 교회의 배타성을 잘 보여주는 예라 할 수 있다. 이처럼 한인 이민 교회 내에서 쉽게 찾아볼 수

6 디아스포라 한인교회의 뿌리 깊은 남녀 차별에 대한 신학적 분석에 관심이 있으면 다음 책을 참조하라. Jung Ha Kim, *Bridge-makers and Cross-bearers: Korean-American Women and the Church* (Atlanta: Scholars Press, 1997).

있는 나이 차별, 성차별, 인종 차별, 문화 편견 등은 결코 그리스도의 문화라 할 수 없다. 예수 그리스도는 유대인 남성으로 태어나셨지만, 인종, 민족, 문화, 성, 나이 등으로 인해 다른 이들을 판단하지 않으셨다. 오히려 그는 자신과 다른 이들을 적극적으로 찾아가시고 수용하셨다. 그가 같은 유대인들이 오랫동안 멸시했던 사마리아인들에게 호의적이었다는 것, 당시 죄인의 대명사였던 세리와 창녀 등과도 기꺼이 친구가 되어 주셨다는 것, 제자들을 부르실 때 그 중심을 보시고 다양한 사람들을 부르셨다는 것, 그토록 싫어하셨던 바리새인들도 차별하지 않으셨다는 것 등은 예수의 사랑과 평등의 정신을 잘 보여 준다. 예수를 따르는 예수 공동체는 그 무엇보다 예수의 사랑과 평등의 정신이 구현되는 곳, 그 어떤 이유라도 다름과 차이로 인해 차별받거나 불이익을 받지 않는 자리여야 한다. 하여 우리가 고수하는 전통적인 문화와 가치 등이 그리스도의 문화에 배치된다면, 적극적으로 고쳐나가야 할 것이다. 한인 이민 교회의 존재 이유는 한국의 문화 교육과 전수가 아니라 그리스도 문화의 전수와 선포임을 잊지 말아야 한다. 그럴 때 그리스도의 문화가 충만한 하나님 나라 공동체로 세워져 나갈 수 있을 것이다. 이러한 그리스도의 문화는 하나님의 말씀 선포인 케리그마(선포)와 말씀의 인격적 나눔인 코이노니아(교제)와 말씀의 적극적 실천인 디아코니아(봉사)를 통해 삼위일체처럼 균형 있게 뿌리내려야 한다. 케리그마는 코이노니아와 디아코니아를 통해 통전적으로 선포되고, 코이노니아는 케리그마와 디아코니아를 통해 더욱 깊이를 더하며, 디아코니아는 케리그마와 코이노니아를 통해 생명력 있게 실천된다. 이때 케리그마, 코이노니아, 디아코니아의 행함과 실천 안에서 어떤 불평등이나 편견도 끼어들지 못하게 늘 조심해야 할 것이다.

궁극적으로 그리스도의 문화가 충만한 이민 교회 공동체는 예수가 선포하고 성취하려고 하셨던 '하나님 나라'를 지향한다. 이런 의미에서 그리스도의 문화 공동체인 교회는 늘 하나님 나라가 갖는 두 가지 특성에 민감해야 한다. 첫 번째로 하나님 나라의 '시간성'이다. 이 시간성 안에는 하나님 나라의 현재성과 미래성이 있는데, 하나님 나라는 이러한 현재성과 미래성을 동시에 가진다. 하나님 나라의 현재성은 지금 여기(Here and now)가 하나님 나라를 일구어야 하는 시공간이라는 사실을 분명히 하고, 하나님 나라의 미래성은 그 하나님 나라는 우리가 세우는 것이 아니라 '하나님이', '하나님의 때에', '하나님의 방법으로' 완성시킨다는 진리를 우리에게 각인시킨다. 그렇기에 교회는 하나님 나라는 이미 여기에 임했지만 아직 임한 것이 아님을(Already but not yet) 기억하며, 하나님 나라의 현재성과 미래성 중 하나도 놓치지 않고 꽉 붙들어야 한다. 두 번째로 우리가 간과하지 말아야 할 하나님 나라의 특성은 바로 '주변성'이다. 하나님 나라의 주변성은 두 가지의 의미를 담는다. 먼저 하나님 나라는 세상에 낯선 존재라는 의미에서 주변적이다. 본회퍼도 예수 공동체는 세상에 낯선 존재여야 한다고 주장한다.[7] 세상에 낯선 존재란 세상에 부합하는 교회가 아니라는 의미다. 세상은 어둠이고, 예수 공동체는 빛이기 때문이다. 어둠에 빛이 낯선 것처럼, 교회는 세상에 낯선 존재다. 물살을 거슬러 올라가는 연어의 생명력처럼, 교회는 언제나 세상에 낯선 존재여야 한다. 또한 하나님의 나라가 임한 곳들은 세상의 중심이 아니라 늘 주변이었다는 점에서 하나님 나라는 주변적이다. 성경 속에 드러난 하나님의 나라를 보면 하나님의 나라는 늘 중심이 아닌 주변, 외딴곳, 이민자와 이방인의 삶 가운데 임했다. 가족과 모든 기반을 떠나 가나안 땅으로 내려온 아브라함의 삶은 하나님 나라 그 자체였으며, 가뭄을 피해 남쪽으로 내려오다가 도착한 그랄에서 이삭은 하나님을 만나고 백배의 열매를 맺었다. 형제들에게 팔려 노예가 되어 이집트로 끌려온 요셉은 그 땅을 축복의 땅으로 만들었으며, 다윗은 자신이 익숙하지 않은 전쟁터에서 그 자리에 어울리지 않는 물맷돌로 골리앗을 쓰러트렸다. 요나는 물고기 배 속에서 하나님을 만났고, 에스겔은 포로로 잡혀간 유배지에서 성령과 소명을 받았다. 하나님의 우편 자리를 떠나 지극히 낮고 천한 이 세상으로 내려오신 예수 그리스도의 삶은 하나님 나라와 이민자의 삶의 상관관계를 보여주는 하이라이트다. 그러므로 모든 이민자와 이민 교회는 '내가

---

7 디트리히 본회퍼, 『창조와 타락: 창세기 1-3장에 대한 신학적 해석』 (서울: 대한기
   독교서회), 121-130.

서 있는 이곳, 이 외딴곳이 거룩한 곳'임을 기억해야 한다. 내가 서 있는 이곳에 하나님의 임재가 있고, 내가 일하고 사는 현장에 불붙는 떨기나무가 있음을 기억해야 한다. 주변화된 이민 교회의 자리는 그 자체가 하나님 나라의 현재성과 그 약속의 성취를 다이나믹하게 경험할 수 있는 은혜의 자리라는 점에서 우리는 이민 교회에 대한 희망을 발견한다. 하여 한국 문화 지키기에 급급하기보다 그리스도의 문화로 충만한 신앙 공동체가 되어 '지금 이곳에서' 하나님 나라를 선포하고 예수의 정신을 실천하는 이민 교회로 성장해야 할 것이다. 이것이 그리스도의 문화 공동체로서의 이민 교회의 모습이다.

# 반추와 토론을 위한 질문

1) 이민 교회는 그리스도의 몸으로서 지역 주민들과 소통하며 지역사회를 섬겨야 할 책임이 있다. 그러나 이민자들의 언어와 문화가 중심이 되는 이민 교회의 특수성과 주류 문화와 언어에 익숙하지 않은 문화와 언어 장벽 등으로 인해, 지역사회와 단절되는 경우들이 많다. 내가 섬기는 교회의 상황은 어떠한가? 이민 교회는 어떻게 개 지역의 맛과 향을 담아내는 지역 교회가 될 수 있을까?

2) 한국 문화와 주류 문화, 양 사이에 끼어 있는 주변인의 삶은 이민자 한 개인의 문제일뿐만 아니라 이민자들의 공동체인 교회의 현실이기도 하다. 이민 교회는 어떻게 한국 문화와 주류 문화를 변증법적으로 통합하여 새로운 문화를 창조해 갈 수 있을까? 한국 문화와 주류 문화 중 하나를 이분법적으로 선택하는 방식은 삼위일체 하나님을 섬기는 교회의 존재론적 양식에 왜 맞지 않는 것인가?

3) 기독교 교회의 선교 역사를 보면 복음이 각 지역의 문화적 관점으로 재해석되고 재창조되는, 이른바 '토착화' 현상을 쉽게 발견한다. 한국 교회 또한 선교 초기부터 이러한 토착화 현상을 겪게 되었고, 그 결과 복음에 대한 이해와 실천 안에 한국의 전통적인 샤머니즘, 불교, 유교적인 요소들이 녹아 들어왔다. 한국교회에 뿌리를 둔 이민 교회 안에도 이러한 전통적인 요소들이 여전히 강한 영향력을 발휘하고 있다. 한국

의 전통적인 문화와 그리스도의 문화가 충돌하는 경우는 어떤 것들이 있을까? 내가 섬기는 교회가 '그리스도의 문화가 충만한' 신앙 공동체가 되기 위해서 가장 시급하게 바꾸어야 할 것은 무엇인가?

4) 사도행전 11:19-30; 13:1-3을 읽고, 최초의 디아스포라 신앙 공동체였던 안디옥교회에 대해 묵상해 보자. 저자가 건강한 이민 교회의 모습으로 제시한 세 가지 방향성, 즉 '지역 교회로서의 이민 교회', '변증법적 초월 공동체로서의 이민교회' 그리고 '그리스도의 문화 공동체로서의 이민 교회'의 관점에서 안디옥교회를 비평해 보자.

# 6장

# 이민 교회의 목회와 교육

지난 장에서 우리는 건강한 이민 교회론을 정립해 보았다. 즉, 4장에서 제시한 이민 신학적 통찰들과 함의들에 근거하여 이민 교회가 추구해야 할 세 가지 핵심 포인트를 제시하였다. 이제는 어떻게 그러한 방향성을 추구하며 실현할 수 있을지에 대해 생각해야 한다. 아무리 그 방향성들과 함의들에 대해 공감한다 하더라도 우리 교회 공동체에서 실천하지 않는다면, 아무런 의미가 없기 때문이다. 여기에 올바른 목회와 교육의 중요성이 있다. 건강한 교회론이 핵심 전략이라면, 상황에 맞는 목회와 교육은 그 전략을 실현시키는 전술이다. 즉, 명확한 의도성과 일관성을 가지고 왜 이민 교회가 지역 교회, 변증법적 초월 공동체, 그리스도의 문화 공동체로 세워져야 하는지를 가르치고 실천하며 목회할 때, 건강한 이민 교회를 세워나가는 그 여정을 경험할 수 있을 것이다. 그렇기에 올바른 이민 교회를 세워가기 위해서는 건강한 이민 신학의 정립과 함께 건실한 이민 교회 목회와 교육이 병행되어야 한다. 그렇다면 이민 교회는 어떤 목회와 교육을 실천해야 하는가?

## 1. 다문화 목회와 교육

무엇보다 한인 이민 교회의 목회와 교육은 반드시 다문화적이어야 한다. 단일 문화 목회와 교육은 한국 문화, 언어, 가치 등에 초점을 맞추고 한국 문화의 관점으로 세상을 바라보는 목회와 교육이라고 한다면, 다문화 목회와 교육은 다양한 문화, 언어, 가치 등에 초점을 맞추고 다양한 관점으로 세상을 바라보는 목회와 교육이라고 할 수 있다. 즉, 목회와 교육의 여러 주제를 다양한 문화적 관점에서 해석해 줌으로써 성도들이 보다 다양한 시각으로 주제들을 이해하고 비평하며 생활화할 수 있도록 돕는 목회적이고 교육적인 실천이다. 다문화 목회와 교육의 핵심은 다양성을 인정하고 차이를 존중하며, 하여 함께 공존하고 공생하는 법을 가르치는 것이다. 이민 교회의 목회와 교육이 다문화적이어야 하는 것은 선택이 아닌 필수인데, 두 가지 이유가 있다. 바로 환경적 이유와 신학적 이유이다.

첫째는 환경적 이유이다. 우선 오늘날 대다수 많은 한국인이 이주하고 있는 영미권 이민 국가들은 모두 다문화 사회이다. 이는 남녀노소에 상관없이 모든 성도는 타 인종, 타민족, 타 문화와 교류하며 생활한다는 것을 의미한다. 그러나 단일 문화 환경 속에서 태어나 자란 이들이 갑자기 다문화 사회로 이민 와서 다양한 문화와 교류한다는 것은 쉽지 않다. 보통 각자의 문화적 경험이나 역량에 따라 서로 다른 적응과 정착의 모습을 보인다. 이민 교회는 성도들이 다문화 환경에서 잘 뿌리내리고 열매를 맺을 수 있도록 도와야 할 책임이 있다. 다문화 사회는 그들의 삶의 터전이요 또한 선교지이기 때문이다. 하여 이민 교회는 다문화 목회와 교육을 통해 성도들이 주류 사회의 다양한 문화와 인종, 언어와 가치들을 배우고, 다양한 타자들과 교류하며, 그들에게 하나님의 사랑과 정의를 나누는 법들을 가르치고 훈련시켜야 한다. 소위 문화지능(Cultural Intelligence) 교육이다. 높은 문화지능은 다문화 사회에 잘 적응하고 정착하는 데 도움이 될 뿐만 아니라 타민족에게 복음을 생명력 있게 전하기 위해 반드시 갖춰야 할 재능이다. 이러한 문화지능은 한인교회 밖뿐만 아니라 교회 내에서도 필요하다는 사실에 주목할 필요가 있다. 한인교회 내에서는 보통 1세들을 통해서 한국 문화와 가치, 언어, 전통 등이 강조되고, 2세들을 통해서 주류 사회 문화와 가치, 언어 등이 표출된다. 그런데 한인교회는 1세와 2세의 문화로만 이분화되지 않고 더욱 다양한 문화와 가치가 공존하는 곳이다. 이는 한인교회를 구성하는 회중들을 살펴보면 쉽게 이해할 수 있다. 한인교회는 일반적으로 1세와 1.5세, 2세로 이루어진 이민자 가정, 최근에 이민 온 가정, 국제결혼 가정과 자녀들, 주재원과 가족들, 장ㆍ단기 유학생과 보호자들, 단기 체류자들 등 다양한 계층의 사람들이 한 공동체를 이루는 곳이다. 그렇기에 이민 교회는 1세의 문화와 2세의 문화뿐만 아니라 여러 다양한 문화들을 배려하고 그 특징들을 잘 담아내는 다문화 목회와 교육을 감당해야 한다. 다문화 목회와 교육은 회중들의 다양한 삶의 정황을 이해하고 다양한 요구에 귀 기울이는 관심에서 출발한다. 하지만 많은 한인교회 교인들은 이민 교회 현장이 여러 문화적 스펙트럼이 만나는 접촉점 (Contact Zone)임을 숙지하지 못하는 경우가 많고, 하여 이민 교회 목회와 교육이 다문화 패러다임 아래서 이뤄져야 한다는 방향성에도 동의하지 않는 경우가 대부분이다. 그러나 분명한 것은 많은 한인교회가 의식적이든 무의식적이든 강조하고 있는 한국 문화 중심의 목회와 교육은 이민 교회의 다문화 콘텍스트에 적합하지 않다는 사실이다.

이민 교회의 목회와 교육이 다문화적이어야 하는 또 다른 이유는 보다 근본적인데, 바로 신학적 이유이다. 무엇보다 기독교 신학의 핵심 교리 중의 하나인 삼위일체 하나님 개념은 이민 교회의 목회와 교육이 다문화적이어야 하는 신학적 근거를 제시한다. 성부, 성자, 성령은 서로 다른 위격이지만 본체는 하나라는 삼위일체론은 '다양성 속에서의 하나됨'과 '하나됨 안에서의 다양성'이라는 하나님의 존재 방식, 소통 방식, 사역 방식을 가장 잘 드러낸다. 하나님은 한 분이시지만 그 안에는 성부, 성자, 성령이라는 다양성과 차이가 존재하며, 이러한 다양성과 차이는 하나님의 '한 분 되심'

에 없어서는 안 될 원천이다. 이러한 하나님의 존재 방식은 다양성 속에서 연합을 추구하고, 하나됨 안에서 차이를 존중하는 하나님의 사역 방식과 소통 방식으로 이어진다. 하여 하나님은 우리가 서로 하나되기를 원하시면서 동시에 각각의 차이와 다양성을 잃고 획일화되는 것을 원치 않으신다. 이렇게 '차이를 존중하는 공존'을 추구하는 하나님 정신이 가장 드라마틱하게 드러난 사건이 바로 대홍수 이후에 노아와 그 가족들에게 보여주신 무지개다. 무지개를 통해 하나님은 인류와의 화해와 평화를 선포하셨다. 화해와 평화를 선포하시면서 언약의 상징으로 보여주신 무지개는 하나님이 추구하시는 화평이 무엇인지를 분명하게 보여 준다. 무지개는 빨강, 주황, 노랑, 초록, 파랑, 남색, 보라, 일곱 가지 서로 다른 색깔이 함께한다. 서로의 차이와 다양성이 존중받고 공존할 때 무지개처럼 아름다운 하모니를 만들어 낼 수 있다. 만약 한두 가지 색깔이 다른 색들보다 우세하거나 서로 섞여서 각각의 차이를 잃어버린다면 또는 일곱 가지 색깔이 함께 공존하여 하나의 띠를 형성하지 못하고 서로 분리되어 있다면, 더 이상 무지개라 할 수 없다. 즉, 하나님이 보여주신 무지개는 어떤 이유로든 다양성과 차이가 존중받지 못하고 하나의 색으로 덧칠해져 버리거나 서로 분리되어 연합하지 못한다면, 그곳에는 진정한 공존이 불가능하다는 것을 시각적으로 보여주는 상징이다. 또한 동시에 일곱 빛깔 무지개처럼 '차이를 존중하는 공존'의 삶을 살면서 화평을 이루어 가라는 하나님의 당부다. 이

당부는 지금도 유효하다. 하나님은 우리가 각자의 차이와 다름 때문에 미워하고 다투며 분열되기보다 서로의 다름을 있는 그대로 인정하고, 존중하며 공존함으로 각자의 자리에서 무지개를 띄우는 삶을 살기 원하신다. 이것이 삼위일체 하나님의 존재 방식, 소통 방식, 사역 방식에 참여하는 삶이며, 이민 교회의 목회와 교육이 다문화적이어야 하는 근본적인 이유다. "무지개가 구름 사이에 있으리니 네가 보고… 영원한 언약을 기억하리라"(창 9:16) 약속하신 대로 하나님은 우리의 치열한 삶 속에서 무지개를 보실 때마다 당신의 언약을 기억하실 것이다.

그렇기에 이민 교회의 목회와 교육은 성도들이 자신과 다른 타자를 포용하고 다양성을 존중하며 함께 '차이가 공존하는 하모니'를 이룰 수 있도록 돕고 훈련해야 한다. 생각의 전환을 이뤄내며 그것이 행동의 실천으로까지 이어지도록 지속적으로 교육해야 한다. 이 부분에서 이민 교회가 추구하는 다문화 목회와 교육은 다문화주의, 곧 문화적 복수주의(Multiculturalism)를 넘어 문화적 상호주의(Interculturalism)와 문화적 교차주의(Crossculturalism)로 확대·심화되어야 한다는 것을 기억해야 한다. 문화적 복수주의는 다양한 문화를 존중하는 것에 초점이 맞춰져 있다면, 문화적 상호주의는 각 문화 간의 교류와 협력에 좀 더 강조점을 두고 있고, 더 나아가 문화적 교차주의는 자신의 문화적 바운더리를 넘어서야 진정한 교류와 협력이 가능하다고 본다. 대부분의 이민 국가는 다문화주의를 사회의 기본 원칙으로 채택하고 있고, 이러한 철학을 학교에서부터 가르치고 있다. 그럼에도 다문화주의를 표방하는 많은 사회가 다양한 문화적 차이로 인한 크고 작은 갈등과 분열로 몸살을 앓는 이유는 문화적 상호주의와 교차주의로까지 나아가지 못했기 때문이다. 이는 자신의 안전지대를 벗어나려는 의지와 결단 없이 다른 문화와 연대하고 협력하는 것은 매우 어렵다는 것을 잘 보여준다.[1]

## 2. 이민자 정체성 확립을 돕는 목회와 교육

두 번째로 이민 교회의 목회와 교육은 이민자들이 건강한 정체성을 확립할 수 있도록 도와야 한다. 무엇보다 개개인의 이민자들이 자신이 원해서 이민 왔든 그렇지 않든, 이민자로 부르신 하나님의 뜻을 발견하고 그 뜻대로 헌신할 수 있도록 돕는 것이 중요하다. 이를 위해 이민자의 도전과 아픔, 환희와 눈물, 빛과 그림자 등에

---

1 디아스포라 한인교회의 다문화 목회와 교육에 대한 필자의 생각이 더 알고 싶다면 2019년 1~4월까지 네 차례에 걸쳐 기고한 "디아스포라와 기독교교육"을 참조하라. 박종수, "한인 디아스포라의 삶과 신앙," 장신대 기독교교육 57 연구원, 「교육교회」 (January, 2019): 79-83; "한인 디아스포라 다음세대," 「교육교회」(February, 2019): 70-75; "디아스포라와 다문화," 「교육교회」(March, 2019): 78-82; "다문화 기독교교육," 「교육교회」(April, 2019): 67-71.

대한 정확한 이해를 바탕으로 한, 목회적 돌봄, 공감, 제자 훈련 등이 필요하다. 이는 이민 신학적 작업이다. 끊임없는 이민자에 대한 신학적 이해와 해석을 통해 각 이민자들이 자신의 독특성을 이해하고 그 가운데 자신의 이민자 정체성과 소명을 발견할 수 있도록 격려하고 도와야 한다. 이때 이민 1세와 2세의 이민 생활 콘텍스트는 아주 다르기 때문에 이민 1세와 2세에 맞는 각각의 목회적/교육적 접근이 요구된다. 그렇다면 이민자에게 필요한 정체성은 무엇인가? 이민자에게 필요가 두 가지 핵심 정체성이 있다.

첫째로 이민자는 '창조적 주변인'이라는 사실을 심어 주어야 한다. 이정용, 이상현, 앤드류 성 박 등과 같은 이민 신학자들은 공통적으로 이민자들의 주변성에 대해 이야기한다. 인종, 문화, 언어 등이 생소한 주류 사회에서 한인 이민자들은 어쩔 수 없이 주변인이 된다. 인종적으로 계층화된 대부분의 서구 이민 국가들에서는 특히 인종적 차이가 갖는 차별과 편견이 뿌리 깊다. 주류 사회에 태어난 2세든, 3세든, 4세든 상관없이 비백인이라는 피부색 때문에 일단 이방인으로 취급받는 인종적 범주화는 그 대표적인 예다. 주변인으로서 열심히 주류 사회에 뿌리내리려고 노력하지만, 주변인이 갖는 여러 한계로 인해 소외, 상처, 갈등, 분노 등과 같은 감정들을 느끼고 민족 공동체 안으로 게토화되는 경우들이 많다. 위에서 자세하게 언급했지만, 지금까지의 다양한 이민 신학은 이러한 이민자들의 주변성을 신학적으로 비평하고 해석함으로써 주변성의 의미를 새롭게 제시해 왔다. 주변성에 대한 이민 신학자들의 공통적인 해석 중의 하나가 바로 '창조성'이다. 주변인이기 때문에 갖는 한계가 분명하지만, 주변인만이 할 수 있는 일이 있다. 주류 사회 구성원도, 한국 사회의 한국인도 할 수 없는, 오직 디아스포라 주변인이기 때문에 할 수 있는 일들을 발견하고 그 일들을 감당할 때 주변성의 한계는 새로운 창조의 시작점이 될 수 있다. 이처럼 주변성을 통해 새로운 장을 열어가는 이들이 바로 창조적 주변인이다. 창조적 주변인에게는 이민 생활의 부정적, 긍정적 경험들을 통합하여 승화시킬 수 있는 변증법적 능력이 필수다. 변증법적 능력만이 이분법적 양자택일의 패러다임을 넘어선다. 나와 타인, 자문화와 타 문화, 긍정과 부정, 일치와 차이 등 수많은 이분법적인 상황에 놓일 때 이차원적으로 둘 중에 하나를 선택하려는 것이 아니라 두 개의 상반되는 가치 속에서 새로운 시각과 통찰을 뽑아내려는 정반합의 삼차원적 활동이 바로 변증법적 능력이다. 이를 통해 우리는 '두 사회, 두 문화 사이에 끼인' 주변성에 매몰되지 않고 제3의 문화를 창조하는 문화화를 촉진할 수 있다. 그렇기에 이민 교회 목회와 교육은 성도들이 변증법적 능력을 키울 수 있도록 체계적으로 교육하고 훈련해야 한다.

두 번째로 이민자는 '상처 입은 치유자'라는 정체성을 가질 필요가 있다. 이민자는 대부분 이방인, 주변인 취급을 받으며 많은 상처와 분노를 경험한다. 그렇기에 앤드류 성 박은 이민자의 상처를 한의 경험으로 비유하며 그 아픔을 신학적으로 풀어내기도 하였다. 이때 이민자는 자신의 상처와 한에 매몰되어서는 안 된다. 고통 속에 매몰되면 그 부정적인 경험들에 집착하고 함몰되어 아픈 감정들과 기억들을 확대·재생산하게 된다. 결국 만성적인 피해의식과 패배감으로 스스로 무너질 수 있다. 따라서 소외와 불평등의 경험을 어떻게 풀어내느냐는 이민자들의 웰빙과 직결되는 문제다. 이때 '상처 입은 치유자'라는 개념은 큰 통찰과 함의를 제공한다. 자신의 상처를 내면화하지 않고 비슷한 상처를 입은 이들에 대한 관심과 섬김의 동기로 승화시킬 수 있다면, 자신이 가진 상흔은 오히려 축복의 통로가 될 것이다. 대표적인 예가 이집트의 총리대신이었던 요셉일 것이다. 요셉은 자기 형들의 시기와 질투로 인해 하루아침에 이집트의 노예로 팔려 가게 되었다. 이집트라는 인종도, 문화도, 언어도 전혀 다른 곳에서, 그것도 노예의 신분으로 살아간다는 것은 엄청난 시련의 연속이었을 것이다. 하지만 하나님의 은혜 가운데 수많은 역경을 뚫고 요셉은 이집트의 총리대신이 되었다. 그러던 어느 날 심한 기근으로 인해 양식을 구하러 온 자신의 형들을 보았을 때 요셉은 형들에 대한 미움과 배신감으로 분노할 수밖에 없었을 것이다. 그의 계획은 어머니가 같은 동생 베냐민을 이집트로 데려오는 것밖에 없었다. 하지만 일련의 과정을 통해 요셉은 형들을 용서하고, 두려움과 공포로 가득 차 있던 형들을 감싸 안는다. 요셉에게 어떤 심경의 변화가 있어서 '상처 입은 폭력자'가 아닌 '상처 입은 치유자가 되었는지 성경은 침묵한다. 그러나 하나의 실마리가 될 수 있는 구절을 창세기 42장에서 찾을 수 있다: "요셉이 그들을 떠나가서 울고 다시 돌아와서 그들과 말하다가"(창 42:24). 요셉이 그들을 떠나 얼마나 울었는지, 몇 번이나 울었는지, 어떻게 울었는지는 기록되어 있지 않다. 그러나 형들을 떠나 혼자 운 것은 자신의 분노를 쏟아내는 시간, 하나님의 음성을 듣는 시간, 자신의 상처와 아픔을 승화시키는 시간이었을 것이다. 그렇다. 상처 입은 치유자가 되기 위해서는 하나님 앞에서 울부짖어야 한다. 울부짖으며 우리의 분노를 쏟아내고 하나님의 음성을 들어야 하며, 하나님의 뜻 가운데 우리의 한을 되돌아봐야 한다. 상처와 아픔이 아닌 하나님의 사랑과 정의에 초점을 맞춰야 한다. 이런 과정을 거친 요셉은 다음과 같이 말한다: "나를 이리로 보낸 자는 당신들이 아니요 하나님이시라"(창 45:8). 요셉이 자신의 한을 극복하고 상처 입은 치유자로 탄생하는 순간이다. 요셉이 상처 입은 치유자가 아닌 상처 입은 폭력자가 되었다면, 결코 하나님의 구원 역사의 통로가 되지 못했을 것이다. 이민자들 또한 자신의 고통의 경험을 통해 또 다른 주변인들과 이방인들을 섬긴다면, 자신의 상처와 한은 하나님의 귀한 구원의 통로가 될 수 있을 것이다. 이때 상처 입은 치유자로 다른 연약한 이들을 섬긴다는 것은 단순한 구제 행위를 넘어 그들의 목소리를 대변하는 것까지 나아가야 한다. 상처 입은 치유자로서의 이민자는 그 누구보다 사회 정의 문제에 관심을 갖고 사회개혁 활동에 참여하여 샬롬의 통로가 되는 이들이다. 이 모습이 본회퍼가 이야기했던 그리스도의 인격으로서의 제자의 모습이며, 그리스도의 집단적 인격으로서의 교회의 모습일 것이다.

건강한 정체성을 확립할 수 있도록 돕는 이민 교회의 목회와 교육은 이러한 개개인의 정체성뿐만 아니라 이민자들의 공동체인 이민 교회의 바른 정체성 확립을 위해서도 큰 노력을 기울여야 한다. 이민 교회의 공동체적 정체성은 모든 교인이 공유하는 교회의 방향성과 사명을 의미한다. 앞 장에서 제시했던 건강한 이민 교회의 방향성이 제대로 실천되고 뿌리내리기 위해서는 전 교인이 그 비전들이 왜 중요한지를 인식하고 공감하는 것이 선행되어야 한다. 그럴 때 전 교회가 함께 같은 방향을 보고 연대하며 협력할 수 있다. 이것이 공동체적 정체성의 중요성이다. 그러므로 이민 교회의 목회와 교육은 예배, 설교, 가르침, 교제, 봉사의 전 영역을 통해 개개인의 이민자 정체성뿐만 아니라 건강한 이민 교회 정체성이 확립될 수 있도록 최선을 다해야 한다. 이럴 때 모든 교인은 이민자로서의 자기 자신을 신학적으로 그리고 문화적으로 심도 있게 바라볼 수 있게 되고, 함께 세워가는 이민자 신앙 공동체가 어떠해야 하는지 그 분명한 목적과 방향성을 인식할 수 있게 된다. 이를 위해서는 담임목사부터 자신이 목회하는 이민 교회에 대한 분명한 목회 철학을 수립할 수 있어야 한다. 대부분의 이민 교회는 한국교회처럼 제왕적 담임목사 제도를 수용하기 때문에, 교회의 목회와 교육에 있어 담임목사의 판단과 리더십은 절대적이다. 그렇기에 담임목사가 이민 교회에 대한 목회 철학 없이 무작정 한국의 성장 중심의 목회 철학과 프로그램을 받아 운영하는 데만 온 정신을 쏟는다면, 그 목회와 교육은 이민자와 이민 교회의 콘텍스트와는 괴리가 있는 '상황 밖의 실천'이 될 것이다. 그렇기에 담임목사부터 이민 신학적 소양을 기르고 이민자와 이민 교회를 정확하게 이해하는 것이 그 무엇보다 중요하다.

## 3. 디아스포라 선교를 위한 목회와 교육

세 번째로 이민 교회의 목회와 교육은 디아스포라 이민자들의 선교적 잠재력에 초점을 맞춰야 한다. 한국의 경우 다른 민족에게 선교하기 위해서는 자신의 삶을 선교사로 헌신하고, 기본적인 언어, 문화 훈련을 받고 그들이 사는 곳으로 이주해야 한다. 이를 위해서는 많은 인적, 물적 자원이 필요하다. 그러나 미국, 캐나다, 호주, 뉴질랜드 등과 같은 이민 국가에 거주하는 이민자는 다양한 민족들을 자신이 사는 도시에서 얼마든지 만날 수 있다. 그들도 어느 정도의 영어, 문화 이해를 갖고 있는 경우가 많기에, 선교에 대한 관심과 열정, 용기와 결단이 있다면 한국에서 살아가는 그리스도인들보다 훨씬 다양한 선교 사역을 할 수 있다. 하지만 선교적 마인드를 가지고 있지 않다면 아무리 다양한 민족들을 만날 기회가 있어도 선교적 실천을 하는 것은 쉽지 않다. 이러한 점에서 안성호의 디아스포라 선교신학은 이민자에게 선교 마인드를 심어주는 데 많은 시사점을 제공한다. 안성호는 모든 디아스포라 이민자는 하나님의 선교를 위해 '파종'되었다고 주장한다. 우리가 선교사를 어느 특정 국가 혹은 지역에 보낼 때 사용하는 파송(sending)은 자발적이고 의도적이며, 의지적이고 가시적인 데 반해, 하나님께서 흩으시는 파종(scattering)은 비자발적이고 비의도적이며, 비의지적이고 비가시적이다. 파송은 선교사로 헌신하는 특정한 사람들에게 국한된 것이라면, 파종은 모든 사람에게 해당된다. 디아스포라를 '선교하시는 하나님의 흩으심'의 결과로 해석하는 안성호는 디아스포라 자체를 선교적 파종으로 이해한다. 모든 디아스포라 이민자는 선교적 목적으로 자신이 현재 서 있는 곳에 파종된 것이다. 이민 교회 목회와 교육은 파종의 개념을 통해 이민자가 갖는 특별한 선교적 사명을 깨닫고 선교적 삶을 살 수 있도록 도와야 한다. 이때 이민 교회는 선교적 디아스포라 공동체가 되어 하나님의 선교에 참여하는 통로가 될 수 있을 것이다.

안성호가 제시한 디아스포라 선교의 세 가지 단계는 디아스포라 선교를 위한 목회와 교육에 좋은 청사진이 될 수 있다. 우선 디아스포라를 '향한' 선교(Mission to Diaspora)를 위한 목회와 교육이 필요하다. 이 단계는 이민자들을 위한 선교 교육과 훈련을 통해 선교적 마인드를 심어주는 일에 중점을 둔다. 즉, 준비 과정이다. 그다음 단계인 디아스포라를 '통한' 선교(Mission through Diaspora)는 디아스포라가 하나님의 선교에 참여하는 시기다. 이를 위해 목회와 교육은 이민자들이 선교에 참여할 수 있도록 격려하며 또한 다양한 선교적 기회들을 제공할 수 있도록 노력해야 한다. 예를 들어 국내외 단기 선교 프로그램, 다양한 지역 단체 봉사 프로그램 등을 운영하여 크고 작은 참여와 실천을 권장하는 것은 매우 중요하다. 이때 이민 1세, 2세, 3세 등의 선교적 역량과 가능성 등은 다양하기 때문에 각 계층에 맞는 선교의 장을 마련하고 격려할 필요가 있다. 안성호가 제시한 마지막 단계는 디아스포라를 '넘어서는' 선교(Mission beyond Diaspora)인데, 이 단계에서 선교적 목회와 교육의 중요성이 더욱 부각된다. 이 단계는 디아스포라의 한계를 넘어서 상상하지 못했던 하나님의 부르심에 순종하는 여정이다. 선교에 대한 디아스포라의 가능성과 한계가 부딪힐 때 변증법적으로 새로운 장을 열어가는 과정이다. 디아스포라를 '넘어서는' 선교는 하나님의, 하나님에 의한, 하나님을 위한 선교를 추구한다. 이민 교회 목회와 교육은 이러한 세 가지 선교 단계를 고려하면서 이민자 공동체의 선교적 삶과 실천을 추구해야 한다. 지금 내가 살고 있는 이곳이 곧 선교지라는 인식을 가질 때, 많은 이민 교회들의 선교적 불균형, 즉 해외 선교에 대한 과도한 집중 문제 또한 해소할 수 있을 것이다. 이러한 선교 교육과 훈련은 어린아이부터 노년에 이르기까지 전 세대에 걸쳐 이루어져야 한다.

　지금까지 올바른 이민 교회 목회와 교육의 세 가지 과제로 '다문화 목회와 교육', '정체성 확립을 돕는 목회와 교육', '디아스포라 선교를 위한 목회와 교육'에 대해 살펴보았다. 우리의 논의는 여기서 끝나지 않고 한 걸음 더 나아가야 한다. 즉, 상황에 맞는 이민 목회와 교육을 실천하기 위해서는 '중장기 목회/교육 정책 수립'이 반드시 필요하다는 점이다. 어떤 목회와 교육이든 그 목적과 열매를 성취하기 위해서는 목회적이고 교육적인 실천 안에 분명한 의도성과 일관성이 스며들어야 한다. 이를 위해서는 명확하고 체계적인 목회/교육 철학이 정립되어 있어야 하고, 이를 바탕으로 구체적인 중장기 목회/교육 정책의 수립과 평가가 지속적으로 동반되어야 한다. 그렇다면 어떻게 중장기 목회/교육 정책을 탄탄하게 디자인할 수 있을까? 이때 교육과정에 대한 이해가 큰 도움이 될 수 있다. 영어에서 교육과정을 뜻하는 Curriculum이라는 용어는 라틴어 *currere*에서 유래되었는데, 이는 육상선수가 뛰는 경주 코스를 의미한다. 전통적으로 교육과정은 학습의 출발선에서부터 목표 달성의 결승선까지의 트랙으로 이해되어 왔다. 교육과정은 일종의 코스이자 계획이며, 특정한 교육적 목적을 달성하기 위한 수단으로 기능한다.[2] 엘리엇 아이즈너(Elliot Eisner)는 세 가지 형태의 교육과

---

2 박종수, 디아스포라 다음세대를 위한 기독교교육과정, 46-47.

정이 있다고 말한다. '명시적'(explicit), '숨겨진'(hidden) 그리고 '배제된'(null) 교육과정이다. 명시적 교육과정이란 의도적으로 준비하여 일관성 있게 가르치는 내용이다. 숨겨진 혹은 잠재적 교육과정이란 교사의 태도와 인격, 학교 분위기와 환경 등과 같은 간접적인 요인들을 통해 학생들이 배우는 내용이다. 마지막으로 배제된 교육과정이란 의도적으로 가르치지 않은 내용인데, 의도적으로 가르쳐지지 않기 때문에 배우는 패러독스이다. 한 예로 교회에서는 진화론이 가르쳐지지 않고, 일반 학교에서는 창조론이 언급되지 않는다. 학생들은 언급되지 않고 가르쳐지지 않은 상황에서도 진화론과 창조론에 대한 다양한 생각들을 하면서 예상하지 않은 교육적 결과들을 얻을 수 있다.[3]

이러한 교육과정의 특징들을 목회와 교육 현장에 적용해 보면, 목회와 교육 실천에도 명시적 측면, 잠재적 측면, 배제된 측면이 있다. 건강한 이민 교회를 세워나가는 목회와 교육을 위해서는 이 세 가지 측면을 모두 고려해야 한다. 먼저 다문화적이며, 이민자의 정체성 확립에 도움을 주고 또한 선교 잠재력을 키우는 목회와 교육의 방향과 목표는 명시적 내용으로 제시되어야 한다. 예를 들어 "교회란 무엇인가?"를 가르칠 때, 교회의 태동과 역사 그리고

---

3 Elliot W. Eisner, *The Educational Imagination: On the Design and Evaluation of School Programs* (Upper 59 Saddle River, NJ: Prentice Hall, 1994), 92-103.

그 본질을 다문화의 관점에서 피력할 수 있다. 선교를 논할 때는 복음이 다양한 문화들을 만나서 어떻게 상호 연계하면서 그 문화들을 변혁시켜 나가는지 그리고 그 문화들과의 만남을 통해 복음이 어떻게 토착화되었는지를 알려준다면 학생들의 선교와 문화에 대한 이해를 확장시켜 줄 수 있을 것이다. 이와 연계하여 다른 종교를 가진 외국인들을 어떻게 대하며, 그리스도인으로서 어떤 관계를 만들어 갈 수 있는지를 심도 있게 다루는 것도 필요하다. 이때 성경을 다문화의 관점과 이민자의 관점에서 풀어내는 것도 중요하다. 사실 성경은 다양한 문화를 담고 있는 다양한 언어로 기록된 책이다. 성경의 수많은 인물은 이민자, 난민, 나그네 등의 신분으로 다문화 환경에서 하나님을 만나고 그들의 신앙을 키웠다. 그렇기에 다문화적 시각은 성경을 해석하고 행간의 의미를 파악하는 데 핵심적인 관점을 제공할 수 있다.

이러한 명시적 측면만큼 잠재적 측면에도 큰 관심을 기울여야 한다. 이때 가장 중요한 것이 담임목사를 비롯한 목회자와 교회 리더들의 생각과 태도다. 다문화, 이민자 정체성, 선교적 삶의 중요성을 명시적으로 강조한다 하더라도 목회자와 리더들이 명시적인 목회와 교육의 내용과는 다른 발언과 태도를 보인다면, 명시적인 목회/교육 정책과 정면으로 상충하게 된다. 예를 들어 다문화가 아닌 한국 문화 중심적인 방향성을 고수한다든지, 이민자의 상황을 고려하지 않고 한국적인 목회 철학이나 전통을 지나치게 강조하는 태도는 명시적 가르침보다 더 큰 메시지가 될 수 있다는 것을 기억해야 한다.

마지막으로 배제된 측면은 의도적이든, 그렇지 않든 배제하기 때문에 배우는 것이라 했다. 그렇기에 교회의 목회와 교육에서 강조되지 않거나 가르치지 않은 내용들을 파악하여 목회와 교육의 균형을 맞춰야 한다. 인종 차별을 생각해 보자. 이민자로 살아가는 디아스포라 한인들은 크고 작은 인종 불평등의 경험을 적지 않게 겪게 된다. 매우 씁쓸한 경험이 아닐 수 없다. 하지만 한국인들의 인종 차별 또한 만만치 않다. 어떤 이유로든 차별은 교만과 혐오가 만들어 낸 죄다. 온 열방과 민족을 사랑하시는 하나님을 믿는 그리스도인들이라면 더욱 범하지 말아야 할 잘못이다. 그러나 아직도 교회 안의 설교와 대화 속에서 인종 차별적인 언어들과 표현들이 무심코 사용되고 있다. 피부색, 민족, 종교 등의 이유로 한 인격을 무시하거나 아무 생각 없이 농담의 소재로 사용하는 것은 전혀 그리스도의 정신이 아님을 체계적으로 교육해야 한다. 또한 기후와 환경, 안락사, 동성애 등 우리 삶과 신앙에 직접적인 영향을 미치는 주요 이슈들에 대해 교회는 침묵하지 말고 잘 가르쳐서 교인들이 정확하게 알고 바르게 행동할 수 있도록 도와야 할 것이다.

건강한 이민 교회를 가꾸기 위한 다문화 목회와 교육, 이민자 정체성 확립을 돕는 목회와 교육, 디아스포라 선교를 위한 목회와 교육은 이러한 세 가지 측면, 즉 명시적, 잠재적, 배제된 측면들이 균형 있게 고려되는 가운데 중장기 목회/교육 정책을 통해 일관성 있게 실천되어야 한다. 그래야 건강한 이민 교회에 대한 올바른 인식과 개념이 공동체 내에서 생성되고, 공동체의 문화로 자리 잡을 수 있다. 담임목사를 비롯한 목회자들이 자주 바뀌고 또 오랫동안 공석인 경우가 많은 이민 교회 특성을 생각할 때, 교회의 특성에 맞는 탄탄한 중장기 목회/교육 정책은 리더의 교체에 따른 혼선이나 시간 낭비를 최소화할 수 있다. 더 나아가 중장기 정책의 수립과 실천은 교회의 목회와 교육을 심도 있게 평가할 수 있는 기준을 제시한다는 점도 주목할 필요가 있다. 지금까지 목회와 교육에 대한 평가 부재는 많은 이민 교회에서 쉽게 엿볼 수 있는 현상이었다. 양적 성장과 감소에 일희일비하며 심도 있는 평가와 분석이 없다 보니, 우리가 지금 어디에 서 있고 어디로 가고 있는지에 대한 방향감각의 상실, 현실과 동떨어진 상황 밖의 실천, 본질적 문제 해결이 없는 '밑 빠진 독에 물 붓기' 식의 사역 등의 문제들이 다람쥐 쳇바퀴 돌듯 계속 반복된다. 이보다 더 큰 심각성은 그러한 문제들에 매몰되어 있으면서도 그 사실을 인식조차 하지 못한다는 데 있다. 그렇기에 건강한 목회와 교육을 위해서 이민 교회 공동체는 계속해서 그 실천과 과정들을 비평적으로 성찰하고 평가해야 한다. 비평하고 성찰할수록 이민 교회 현장을 보다 정확하게 볼 수 있게 되고, 보다 바른 질문들을 할 수 있게 되며, 이를 통해 교회의 역량을 전략적으로 분산·집중할 수 있게 된다. 그렇기에 잘 수립된 중장기 목회/교육 정책은 상황에 맞는 이민 교회 목회와 교육을 위한 중요한 초석이 될 수 있다.

## 반추와 토론을 위한 질문

1) 단일 문화 목회와 교육은 한국 문화, 언어, 가치 등에 조점을 맞추고, 한국 문화의 관점으로 세상을 바라보는 목회와 교육이라고 한다면, 다문화 목회와 교육은 다양한 문화, 언어, 가치 등에 초점을 맞추고 다양한 관점으로 세상을 바라보는 목회와 교육이다. 내가 섬기는 교회의 목회와 교육은 단일 문화적인가, 다문화적인가? 다문화 목회와 교육은 다문화사회에 뿌리내리고 있는 많은 한인디아스포라교회에 선택이 아닌 필수라는 저자의 주장을 어떻게 생각하는가?

2) 이민자에게는 두 가지 정체성이 확립될 필요가 있다. 첫째는 '창조적 주변인'으로서의 이민자인데, 이를 통해 주변성이 갖는 한계에 좌절하지 않고 오히려 그 한계를 통해 새로운 장을 열어가는 삶을 살 수 있다. 둘째는 '상처 입은 치유자'로서의 이민자인데, 이를 통해 자신의 상처에 매몰되지 않고 비슷한 상처를 입은 이들에 대한 관심과 섬김의 동기로 승화시킬 수 있다. 내가 섬기는 교회의 목회와 교육은 이러한 정체성들이 형성될 수 있도록 어떤 노력들을 기울여야 할까?

3) 이민 교회의 목회와 교육은 디아스포라 이민자들의 선교적 사명과 잠재력에 초점을 맞춰야 한다. 한국과 달리, 이민 국가에 거주하는 이민자는 다양한 민족들을 자신이 사는 도시에서 얼마든지 만날 수 있고, 이렇게 만나는 타민족에게 복음을 전해야 할 사명이 있다. 내가

섬기는 교회의 선교 정책과 방향에 목소리를 낼 수 있다면, 남녀노소 모든 이민자들이 갖는 선교적 사명과 잠재력을 키우기 위해 어떤 것들을 제안하고 싶은가?

4) 저자는 '건강한 이민 교회의 확립과 성장'을 위해 적합한 이민 교회의 목회와 교육을 실천해야 한다고 강조하면서, 다음과 같이 세 가지 방향성을 제시하였다: '다문화 목회와 교육', '이민자 정체성 확립을 돕는 목회와 교육', '디아스포라 선교를 위한 목회와 교육'. 이러한 방향성을 추구하는 '3개 년 목회와 교육 계획'을 내가 섬기는 교회를 위해 수립한다면, 앞으로 3년 동안 초점을 맞추고 싶은 세 가지 과제들은 무엇인가? 이 과제들을 잘 수행하기 위해 필요한 핵심적인 요소 세 가지를 꼽는다면 무엇이 있을까?

    이민 2세들을 위한 새로운 기독교교육과정 모델을 연구하고 그 결과를 단행본 『디아스포라 다음세대를 위한 기독교교육과정: 디지털 세대에 적합한 참여적 신앙교육』으로 출판한 지도 6년여가 훌쩍 지났다. 그 사이 이민자로 살아간 지도 21년을 넘어서고 있다. 그동안 시드니신학대학(Sydney College of Divinity) 한국어학부 (SKTC)에서 신학생들을 가르치면서 틈틈이 이민교회교육연구소의 세미나, 워크샵 등을 통해 많은 이민 교회 목회자들, 교사들 그리고 부모들을 만나 왔다. 지금까지의 적지 않은 강의와 대화 등을 통해 느끼는 것은 교회와 가정의 변화는 정말 힘들다는 사실이다. 한두 번의 세미나 참석, 한두 권의 독서만으로 이민자를 위한 교회목회와 가정교육의 철학을 내면화하는 것은 거의 불가능하기 때문이다. 지적인 인식이 내면화를 통해 실천 현장의 유의미한 변화로 이어지는 데는 끊임없는 배움과 자극, 계속적인 실천과 그 실천에 대한 확신이 있어야 한다. 하지만 이보다 더 근본적인 문제가 있다. 바로 신학의 문제다. 많은 이들은 이민 교회 목회와 교육을 위해 적절한 자료와 방법론, 좋은 프로그램을 찾아 헤매지만, 진짜 문제는 인식하지 못한다. 즉, 상황 밖의 신학이다. 이민 교회 목회와 교육 현장에 있음에도 이민 신학적 성찰이 부족하다보니 목회와 교육의 첫 단추인 인간 이해부터가 잘못되어 있는 경우가 허다하다. 이민 목회를 하면서도 이민자에 대한 바른 이해없이 외국에 사는 한국인 정도로 생각하고 한국식 목회를 하는 목회자들이 생각보다 많다. 교회와 가정에서 이민 1.5세, 2세, 3세들을 교육하면서도 이들에 대한 이해가 없거나 파편적이다보니 대부분의 교사와 부모들은 자기가 배웠던 대로, 자신에게 익숙한 한국식 방식으로 교육을 한다. 결과적으로 무늬만 이민 교회이지, 실상은 외국에서 한국식 목회와 교육을 하고 있는 것이다. 그러다 보니 디아스포라 이민자와 이민 교회에 대한 신학적 의의와 비전이 제대로 나눠지지 못하고, 그 선교적 잠재력이 사장되거나 제대로 꽃피우지 못하는 경우들이 많아 왔다.

이런 상황에서는 이민 교회를 위한 최고의 목회 방법론과 교육 자료들이 제공된다 하더라도 제대로 사용되지 못할 가능성이 농후하다. 마치 목공의 기초도 모르는 이에게 아무리 최상의 재료들과 공구들을 제공한다 하더라도 그것들을 적절하게 사용할 수 없는 것과 같다. 반면 이민 신학적 소양과 이해를 가진 이민 목회자, 교사, 부모는 자신에게 주어진 자원과 상황들을 적절하게 사용할 수 있는 가능성이 현저히 높아진다. 상황과 대상에 대한 이해가 분명하면, 가능한 소스들을 보다 창조적이고 효과적으로 사용할 수 있기 때문이다. 하여 어느 순간부터 필자는 학생들을 가르치고 이민 목회자와 부모들을 대상으로 세미나를 할 때마다 이민 신학의 중요성을 강조하기 시작했다. 예를 들어 나의 전공인 기독교교육을 강의할 때, 기독교교육을 배우고 실천하는 우리도 이민자고, 우리가 섬기고 가르치는 학생들도 이민자이며, 우리가 교육하는 현장이 이민 교회 콘텍스트라는 것을 잊지 말라고 늘 강조한다. 배우고 읽는 기독교교육의 이론과 모델들을 이민자와 이민 교회의 시각으로 재해석하고 창조적으로 적용하도록 격려한다. 부모들을 위한 가정교육 세미나를 진행할 때도 우리의 자녀들이 이민자라는 것, 1.5세, 2세, 3세들의 삶의 여정이 부모 세대와 어떻게 다른지, 이민자 자녀로서의 그들의 삶이 어떠한지를 알리는 일에 집중한다. 결국 건강한 자녀 교육은 자녀에 대해 잘 이해하고 깊이 있게 공감하는 부모들이 감당할 수 있기 때문이다.

이러한 필자의 이민 신학과 그 실천에 대한 문제의식의 결과로 이 책이 태어났다. 그동안 연구하고 고민하며 치열하게 사색한 내용들을 묶어 세상에 내놓는 이유는 이민 교회 안에 이민 신학적 담론이 더욱 확장되고 심화되었으면 하는 바람 때문이다. 프롤로그에서도 언급했지만, 이 책을 저술하면서 두 가지에 초점을 맞추었다. 첫 번째는 목회자뿐만 아니라 일반 평신도들도 이해하기 쉬운 이민 신학 개론서로 저술하는 것이었고, 두 번째는 이 책의 내용이 신학적 담론으로만 끝나지 않고 이민 교회 현장, 즉 목회와 교육의 실천에 실질적으로 도움이 되는 것이었다. 그러나 이 작은 열매를 맺는 과정은 결코 쉬운 일이 아니었다. 무엇보다 연구한 내용들을 어떤 주제로 나누고, 어떤 구성으로 엮어야 쉽지만 깊이 있는 개론서가 될 수 있을 것인가에 대한 고민이 많았다. 하여 1차 연구 작업을 마친 후 내용 구성과 선정에 많은 시간을 소요하였다. 문제는 이 작업이 생각보다 길어지면서 새로운 아이디어는 떠오르지 않고 시간만 흘러가는 답보 상태에 빠져버린 것이다. 그러던 중 필자에게 좋은 기회가 찾아왔다. 작년 2023년 9월 중순부터 10월 초까지 약 2주 동안 사도 바울의 선교 발자취를 따라 순례하는 학술 탐사 수업을 인솔 교수로 지도하게 되었다. 호주에서 한국을 거쳐 이탈리아, 그리스, 터키 지역을 각각 방문한 후 다시 한국을 거쳐 호주로 돌아오는 여정이라 50시간이 훌쩍 넘게 비행기를 타야 했다. 아주 빡빡한 일정이었지만 새로운 환경에서 신선한 관점으로 전체 연구 내용을 되돌아볼 기회였다. 하여 비행기 안에서의 50여 시간 동안, 밥 먹는 것을 빼고는 한숨도 자지 않고 글을 읽고 새롭게 고쳐나갔다. 2주 동안 약 4000km를 버스로 이동해야 했던 강행군이었지만, 비행기 안에서 글을 쓸 때 전혀 피곤하지 않았고, 오히려 정신이 맑아져 집중도를 높일 수 있었다. 성령께서 도우신 것이다. 그동안 지지부진했던 내용 구성과 선정 작업이 순조롭게 진행되면서 막혔던 혈이 뚫리고 오랜 집필 여정을 마무리할 수 있게 되었다.

그러나 에필로그를 쓰면서도 이 졸저를 세상에 내놓는 부끄러움이 떠나지 않는다. 그러던 중 문득 고린도교회 교인들에게 했던 사도 바울의 고백이 떠올랐다: "나는 심었고 아볼로는 물을 주었으되 오직 하나님께서 자라나게 하셨나니 그런즉 심는 이나 물 주는 이는 아무 것도 아니로되 오직 자라게 하시는 이는 하나님뿐이니라"(고전 3:6-7). 그렇다. 필자가 할 수 있는 일은 씨를 뿌리는 것뿐이고, 그 씨가 자라게 하시는 것은 하나님이시다. 하여 용기있게 그동안 준비했던 씨앗을 뿌린다. 그리고 계속해서 새로운 씨앗들을 준비하고 농부의 마음으로 뿌릴 것이다. 아무쪼록 이 작은 씨앗이 필요한 땅에 잘 심겨지기를 소원한다. 민들레 홀씨처럼 성령의 바람을 타고 필요한 사람들과 교회들에게 전해져서 하나님의 은혜 가운데 이민 신학에 대한 이야기 꽃들이 피어나고 열매 맺어가기를 소망한다.

끝으로 이 책이 세상에 나오기까지 여러모로 도움을 주신 분들에게 감사의 말씀을 올려드린다. 우선 이 책을 먼저 읽고 이 글의 가치와 의미를 평가해 주신 김도일 교수님, 양희정 교수님, 장성훈 목사님, 김종두 목사님, 이성은 목사님 그리고 김세현 학장님께 깊이 감사드린다. 또한 글이 아직 설익었을 때 흔쾌히 교정 작업에 참여해 주신 우명옥 박사님과 김지영 학우님께도 감사의 마음을 전한다. 『디아스포라 다음세대를 위한 기독교교육과정』에 이어 두 번째로 함께 작업할 수 있었던 동연출판사 김영호 대표님과

박현주 편집장님에 대한 감사의 인사 또한 빼놓을 수 없다. 마지막으로 사랑하는 아내이자 가장 끈끈한 동역자인 박유미 목사에게 깊은 감사와 사랑을 담아 전한다. 이 책을 집필하는 처음 시작부터 마지막까지, 더 나아가 20여 년 전 이민자의 첫발을 내디딘 순간부터 지금까지 함께 대화하고 성찰하고 기도하면서 이 여정을 함께 걸어온 아내가 없었다면 이 작은 열매조차 맺지 못했을 것이다. 또한 엄마 아빠 때문에 이민자의 자녀로 태어나 건강한 이민자 2세로 잘 자라준 사랑하는 두 딸 선린, 해린에게도 이 자리를 빌려 고맙다는 말을 하고 싶다. 나와 가족들을 이민자로 불러서 '창조적인 디아스포라 주변인'으로 성장하게 하시는 하나님께 모든 영광과 존귀를 올려 드린다. 할렐루야! 아멘.

2024년 5월 5일 부활절 여섯 번째 주간을 열며

박종수

# 참고문헌

김민휘. "팬데믹 시대의 복음화(이주민 신학을 중심으로)." 「한국그리스도사상」 (2022): 76-115.

박영란. "'이민 2세대 한인교회'에서의 여성: 미국 캘리포니아 주를 중심으로." 「종교문화연구」 26 (2016): 203-232.

박종수. 『디아스포라 다음세대를 위한 기독교교육과정』. 서울: 동연, 2017.

_____. "다문화 기독교교육." 「교육교회」 (April, 2019): 67-71.

_____. "디아스포라와 다문화." 「교육교회」 (March, 2019): 78-32.

_____. "한인 디아스포라 다음세대." 「교육교회」 (February, 2019): 70-75.

_____. "한인 디아스포라의 삶과 신앙." 「교육교회」 (January, 2019): 79-83.

설병수. "한인 이민자 교회의 기능과 문제: 시드니와 멜버른의 사례." 「민속학연구」 8 (2001): 23-61.

안교성. "한국의 디아스포라신학 발전에 관한 소고." 「장신논단」 46 (2014): 89-113.

옥성득. "미국 한인 개신교회의 사회적 책임." 「한국기독교와 역사」 29 (2008): 165-190.

유정자. "교회의 유리 천장 깨기 — 구술사를 통한 북미 한인 이민 여성 리더십의 초국가적 교차적 차별성 인식." 「신학사상」 193 (2021): 335-369.

이길표. "미주 한인 디아스포라 교회를 위한 이민신학." 「복음과 선교」 16 (2011): 217-245.

이상현. "이민신학의 정립을 위하여." 「기독교사상」 23 (1979): 63-83.

전병철. "미국 이민사회에 적응해 가는 1세 이민자들의 문화적응 과정과 교회의 역할." 「개혁논총」 27 (2013): 219-259.

최종수. "미주로 떠난 사람들과 이민교회." 「기독교사상」 41 (1997): 29-37.

최효섭. "이민신학 서설." 「세계의 신학」 27 (1995): 89-107.

현한나. "'이주와 난민 신학' 기반 세우기: 그루디 (Daniel G. Groody)의 신학과 메타 포로서 '환대적' 선교." 「선교신학」 55 (2019): 428-458.

Applebee, Arthur N. *Curriculum as Conversation*. Chicago: University of Chicago Press, 1996.

Berry, John W. "Immigration, Acculturation, and Adaptation." *Applied Psychology: An International Review* 46, no. 1 (1997): 5-34.

Berry, John W., Jean S. Phinney, David L. Sam, and Paul Vedder. "Immigrant Youth: Acculturation, Identity, and Adaptation." *Applied Psychology: An International Review* 55, no. 3 (2006): 303-332.

Branch, Curtis W. "Race and Human Development." In *Racial and Ethnic Identity in School Practices: Aspects of Human Development*. edited by Rosa Sheets and Etta Hollins. Mahwah, NJ: Lawrence Erlbaum Associates, Publishers, 1999.

Bronfenbrenner, Urie. "Toward an Experimental Ecology of Human Development." *American Psychologist* 32, no. 7 (1977): 513-531.

_____. *The Ecology of Human Development: Experiments by Nature and Design*. Cambridge, MA: Harvard University Press, 1979.

_____. "Ecological Models of Human Development." In *Readings on the Development of Children, edited by Michael Gauvain and Mary Cole, 37-43*. New York: Freeman, 1993.

Chavez, Alicia, and Florence Guido-DiBrito. "Racial and Ethnic Identity and Development." *New Directions for Adult and Continuing Education Winter*, no. 84 (1999): 39-47.

Choi, Sheena, M. Elizabeth Cranley, and Joe D. Nichols. "Coming to America and becoming American: Narration of Korean immigrant young men." *International Education Journal* 2, no. 5 (2001): 47-60.

Cross Jr., William E., Lakesha Smith, and Yasser Payne. "Black Identity: A Repertoire of Daily Enactments." In *Counseling across cultures*. edited by P. Pedersen, J. Draguns, W. Lonner and J. Trimble. Thousand Oaks, CA: Sage Publications, Inc, 2002.

Cross Jr., William E., Linda Strauss, and Peony Fhagen-Smith. "African American Identity Development Across the Life Span: Educational Implications." In *Racial and ethnic identity in school practices: Aspects of human development*. edited by Rosa Hernandez Sheets and Etta R. Hollins. Mahwah, NJ: Lawrence Erlbaum Associates, Inc., Publishers, 1999.

Eisner, Elliot W. "Toward a More Adequate Conception of Evaluation in the Arts." *Peabody Journal of Education* 52, no. 3 (1975): 173-179.

_____. *The Educational Imagination: On the Design and Evaluation of School Programs*. 3rd ed. Upper Saddle River, NJ: Prentice Hall, 1994.

Erikson, Erik H. *Identity: Youth and Crisis*. New York: Norton, 1968.

_____. *Child and Society*. St Albans: Triad/Paladin Frogmore, 1977.

Ferdman, Bernardo, and Gabriel Horenczyk. "Cultural Identity and Immigration: Reconstructing the Group During Cultural Transition." In *Language, Identity and Immigration*. edited by Elite Olshtain and Gabriel Horenczyk. Jerusalem: The Hebrew University Magnes Press, 2000.

Holcomb-McCoy, Cheryl. "Ethnic Identity Development in Early Adolescence: Implications and Recommendations for Middle School Counselors." *Professional School Counseling* 9, no. 2 (2005): 120-127.

Im, Janice H. "An Ecological Examination of Ego and Ethnic Identity Formation Within Second Generation Korean-Americans." M.S. diss., Virginia Polytechnic

Institute and State University, 1999.

Jun, Sung Pyo, and Gordon M. Armstrong. "Status Inconsistency and Striving for Power in a Church: Is Church a Refuge or a Stepping-stone?" *Korea Journal of Population and Development* 26, no. 1 (July 1997): 103-129.

Kang, S. Steve. *Unveiling the Socioculturally Constructed Multivoiced Self: Themes of Self Construction and Self Integration in the Narratives of Second-Generation Korean American Young Adults*. Lanham, MD: University Press of America, 2002.

———. "Reflections upon Methodology: Research on Themes of Self Construction and Self Integration in the Narrative of Second Generation Korean American Young Adults." *Religious Education* 96, no. 3 (Summer 2001): 408-415.

———. "The Socioculturally Constructed Multivoiced Self as a Framework for Christian Education of Second-Generation Korean American Young Adults." *Religious Education* 97, no. 1 (Winter 2002): 81-96.

Kibria, Nazli. *Becoming Asian American: Second-Generation Chinese and Korean American Identities*. Baltimore: The Johns Hopkins University Press, 2002.

Kim, Jung Ha. *Bridge-makers and Cross-bearers: Korean-American Women and the Church*. Atlanta: Scholars Press, 1997.

Kim, Rebecca. "Second-Generation Korean American Evangelicals: Ethnic, Multiethnic, or White Campus Ministries." *Sociology of Religion* 65, no. 1 (2004): 19-34.

Knight, George P., Martha E. Bernal, Camille A. Garza, and Marya K. Cota. "A Social Cognitive Model of the Development of Ethnic Identity and Ethnically Based Behaviours." In *Ethnic Identity: Formation and Transmission among Hispanics and Other Minorities*. edited by Martha Bernal and George Knight. Albany, NY: State University of New York Press, 1993.

Lee, Gyung Sook. "A Narrative Analysis of the Labour Market Experiences of Korean Migrant Women in Australia." Ph.D. diss., The University of Sydney, 2005.

Lee, Jung Young. *Marginality : The Key to Multicultural Theology*. Minneapolis: Fortress Press, 1995.

Lee, Sang Hyun. *From A Liminal Place: An Asian American Theology*. Minneapolis : Fortress Press, 2010.

Lee, Sang-Taek. *New Church, New Land: The Korean Experience*. Melbourne: Uniting Church Press, 1989.

Min, Pyong Gap. "Severe Underrepresentation of Women in Church Leadership in the Korean Immigrant Community in the United States." *Journal for the Scientific Study of Religion* 47, no. 2 (2008): 225-241.

Min, Pyong Gap, and Dae Young Kim. "Intergenerational Transmission of Religion and Culture: Korean Protestants in the US." *Sociology of Religion* 66, no. 3 (2005): 263-282.

Nagel, Joane. "Constructing Ethnicity: Creating and Recreating Ethnic Identity and Culture." *Social Problems* 41 (1994): 152-176.

Park, Andrew Sung. *The Wounded Heart of God: The Asian Concept of Han and the Christian Doctrine of Sin*. Nashville, TN: Abingdon, 1993.

_____. *From Hurt to Healing: A Theology of the Wounded*. Nashville, TN: Abingdon, 2004.

Park, Jong Soo. *Christian Education Curriculum for the Digital Generation: A Case Study of Second-Generation Korean Australian Youth*. Eugene, OR: Wipf & Stock, 2015.

_____. "The Influence of Ethnic Church on the Identity Formation of Second-Generation Young People in Australia." *Journal of Sydney Theological Reflections*, Vol. 2 (September 2016): 233-250.

Phinney, Jean S. "Ethnic Identity in Adolescents and Adults: Review of Research."
	*Psychological Bulletin* 108, no. 3 (1990): 499-514.

_____. "Ethnic Identity: Developmental and Contextual Perspectives." Paper pre-
	sented at The Notre Dame Conference on Culture and Diversity (ND-CCD),
	South Band, IN, USA, October 31-November 1, 2004.

Phinney, Jean S., Gabriel Horenczyk, Karmela Liebkind, and Paul Vedder. "Ethnic
	Identity, Immigration, and Well-being: An Interactional Perspective." *Journal
	of Social Issues* 57, no. 3 (2001): 493-510.

Phinney, Jean S., and Anthony D. Ong. "Conceptualization and Measurement of Ethnic
	Identity: Current Status and Future Directions." *Journal of Counseling
	Psychology* 54, no. 3 (2007): 271-281.

Richmond, Helen. "Becoming a Multicultural Nation and Multicultural Church." In
	*30 Years Korean Ministry in Australia.* edited by Myung Duk Yang and Clive
	Pearson. North Parramatta: UTC Publications, 2004.

Seol, Byung-Soo. "The Sydney Korean Community and 'The I.M.F. Drifting People'."
	*People and Place* 7, no. 2 (1997): 23-33.

Verkuyten, Maykel. "Ethnic Group Identification and Group Evaluation Among
	Minority and Majority Groups: Testing the Multiculturalism Hypothesis."
	*Social Development* 88, no. 1 (2005): 121-138.

Volf, Miroslav. *Exclusion and Embrace: A Theological Exploration of Identity,
	Otherness, and Reconciliation.* Nashville, TN: Abingdon Press, 1996.

디아스포라 주변인: 단절, 주변화, 문화화

2024년 6월 10일 처음 펴냄

지은이      박종수
펴낸이      김영호
펴낸곳      도서출판 동연
등록        제1-1383호(1992. 6. 12)
주소        (03962) 서울시 마포구 월드컵로 163-3
전화/팩스   (02)335-2630 / (02)335-2640
이메일      yh4321@gmail.com
인스타그램   instagram.com/ dongyeon_press

ISBN 978-89-6447-002-2  03190